仕事のアップデート 100の法則

HOW TO UPDATE YOUR WORK

自分らしく働くための思考と行動

坂本崇博 [監修]
TAKAHIRO SAKAMOTO

JN064617

日本能率協会マネジメントセンター

はじめに
—— 働き方は自分で変える、自分のために変える

　本書をお手にとっていただいた読者の皆さん、はじめまして。コクヨで「働き方コンサルタント」兼「働き方改革プロジェクトアドバイザー」として働いております、サカモトです。

　私はコクヨに入社後しばらくして「日本の働き方は、伸びしろが大きい」と感じるようになりました。——オブラートを溶かして表現すると「一人ひとりの、そして組織の働き方がこのままじゃ企業・組織の成長は止まってしまう」と考えたのです。

　そこでおせっかい気質の私は「これはなんとかしなくては」と新規事業プロジェクトに参加した機会を活かして、「働き方コンサルタント」を自称し、いくつかの企業で残業削減やダイバーシティ、テレワーク、風土改革などの働き方改革プロジェクトに参画。そんな経験をもとに、ご縁があって2021年には初の著書『意識が高くない僕たちのためのゼロから始める働き方改革』（PLANETS）を上梓させていただきました。

　その本はどちらかというと経営者や組織運営者目線で、「職場全体での働き方改革を推進するプロジェクトを組織内でどう展開するべきか？」「どうすれば自分の働き方をガラっと変えることができるのか？」という問いに対する私の考え方や持論、経験談をご紹介する「組織改革」や「自分改革」のノウハウ本でした。

　一方、もともと私が「これはなんとかしなくては」と思ったの

は、日本のサラリーマン（とくに大企業や官公庁）の「仕事のやり方」が旧態依然として非生産的だったり、創造的でなくてワクワクしなかったりすることへの危機感からです。

　そこで、会議の進め方、資料の作り方、メールの出し方、時間管理の仕方といった「仕事術」を開発し、様々な組織や個人に対して、それをマニュアル化したり、セミナーでご紹介することからはじめました。つまり、「仕事術（仕事のやり方）アドバイザー」だったのです。その後ちょっとレイヤーが高まり「働き方改革プロジェクトアドバイザー」となりましたが、私の原点は実は「働き方改革」ではなく「仕事のやり方開発」にあるのです。

　そしてこの度、出版元の日本能率協会マネジメントセンターさんから「仕事アップデートの本を出したいので、監修をお願いしたい」とお声がけいただいたときに「キタコレ！」と驚き、そして歓喜して、二つ返事でOKさせていただきました。

　出版に向けたキックオフの場で、おずおずと「ちなみに、なんで私に？」と質問してみたところ、制作担当さんから「サカモトさんの著書やネットのインタビュー記事を読んで、"会社は改革すべきである"と上から目線の批評ではなく、"自分でやれることからやっていこうよ"と後押ししてくれるライトな雰囲気を感じたから」と言っていただいたのです。

　さらに、「一人ひとりが明日からできるような仕事術の参考書にしたい」と言われ、では本書のタイトルも「働き方」ではなく「仕事」と表現することでもっと身近で実践的に感じてもらえるように、「改革」というと「今がダメだ！変えろ」という強制的なニュアンスがあるので、それもやめて「アップデート（今よりもっ

とよくなる）」というキーワードを採用することにしました。こうして「仕事アップデート術」が生まれたわけです。

　今でも日本には「新卒一括採用」という特異な習慣があります。その結果、多くの人にとっては学校の延長線上に職場があり、「仕事＝与えられるもの、働き方＝決められたもの」というイメージが強くなりがちです。しかし、それでは仕事は進化しません。結果としてグローバル競争の中で組織の生産性は相対的に低下し、組織の持続性は低くなってしまいます。

　また、組織の存続とか大きな話は置いておくとしても、仕事が旧態依然としていると、自分の時間が削られていきます。これは人生の危機です。

　今でこそ「働き方改革プロジェクトアドバイザー」という仕事をしている私ですが、もともと自分や周囲の仕事の見直し・効率化に取り組むようになったのは、「忙しすぎて録画したアニメを見る時間がない！」からでした。私は「私の自由時間」を捻出するために、決められた仕事・やり方を変えていったのです。

　それから20年の間に得た「知」と「言葉」を本書には詰め込んでいます。もちろん、100もあるので全部がフィットするとは限らないでしょう。中には否定したくなることや違和感もあるはず。でも、それでいいのです。そうやって考える機会になればうれしいのです。

　「自分、または自分たちなりに、自分たちの仕事のやり方を創り上げて欲しい」。本書の監修に込めたそんな思いが伝わり、そして皆さんのプラスになることを心から願っています。

坂本崇博

第4章 **働き方アップデート②　時間活用編**

第5章　アップデートを阻む「壁」の乗り越え方

第6章 働き方アップデート実践例

第7章 おわりに／働き方アップデートとは

第 1 章

働き方アップデートの歴史と未来

- History -

より良い働き方を生み出す働き方アップデートのためには、現状を知っておく必要があります。これまでの日本社会で起こった働き方改革の歴史を学び、これまでの取り組み、そして今後の働き方について考えてみましょう。

いつでも今がベストタイミング

働き方は常に
アップデートし続けている

　過去何度も行われてきた「働き方改革」ですが、年代により解決しなければいけない問題は異なり、それに対して法整備が行われたり、人々の働き方の常識の更新などが行われてきました。

　それぞれの時代に行われた「働き方改革」の大きな特徴は、問題が起きてそれが社会問題化し、政府が制度や法律の変更などを行ってきた点です。働き方改革をするもしないも企業、つまり経営者次第だとなかなか進みませんでした。

　しかし、なぜ働き方改革は何度も行われてきたのでしょうか。そしてなぜ、今も働き方改革の必要性が叫ばれるのでしょうか。それは、それぞれの時代ごとに、経済活動のやり方や、技術の進化とそれによる負担、人々の意識などが変化してきたためです。「長時間労働や過労死といった労働災害などから人々を守るため」といった時代から、「バブル崩壊による社会構造の変化への対応のため」という時代、さらに「経済がグローバル化し、デジタル化が進んだ社会への対応のため」など、変化をしなければいけない理由は時代により様々であり、企業は生き残りのためそれぞれの判断で働き方改革を実施してきました。

　これらの働き方改革の大きな問題は、基本的には企業側が「どのくらい」「どのように」実施するかを決めることです。そのため企業ごとに実施スピードもやり方も異なります。また、時代の変化スピードは年々早まっており、過去に働き方改革を行った企業でも、時代遅れになることも起きています。そこで必要だと言われるようになったのが、企業という組織ではなく、個人レベルでの働き方改革です。

　個人レベルでいえば「改革」というほど大げさなものではなく「アップデート」とでもいうべきかもしれません。その変化で大事なことは、自分のやりたいこと（志事）を定義し、それに向けて力や時間を注げるように周囲に働きかけつつ、やること、やり方、やる力を見直し、変えていくことです。この変化は個人レベルの出来事のため、大がかりな体制などは必要ありません。

　ここで大切なのが、働き方のアップデートは「今この時にこそ始めるべき」ということ。時代遅れの会社だからと諦めて何もしなかったり、逆に自分の働き方はすでに完成していると思い込んでいたり、それぞれに状況は異なるでしょう。また、変化を拒みたい気持ちや理由があるかもしれません。しかし、ビジネスや社会がどんどん変化している今、自分の働き方も時代にあわせてアップグレードしなくてはいけないのです。

ポイント

- 今は個人の働き方アップデートが始まってもいないといえる
- 一度改革が行われて新しい働き方が当たり前になっても、時代の変化に合わせた改革は常に必要とされる
- 今この時、ゼロからでも私の働き方改革は始められる

1970年代の働き方
アップデートを学ぶ

　1970年代は世界的に大きな変化の波に飲まれた時代でした。世界的には1978年のオイルショックが引き金となり、それまで好調だった世界経済の伸びが鈍化。企業経営は厳しくなり、労働環境もより厳しいものとなりました。

　そのような状況で発生したのが、長時間労働による健康被害や過労死、労働災害。働く人の健康に社会的な関心が集まりました。多くの犠牲と、遺族の活動などが原動力となり、働く環境をより人間的な場にするための運動が全国的に展開されました。その結果、「労働者が働き方の改善・向上を要求する」ことが正当な権利として認識されるようになりました。

　そのテーマは、以下の5つでした。

・労働三法の改正

・企業と労働組合の対等化

・ストライキや労使交渉の活発化

・週休二日制の導入

・賃上げ

　「労働三法」とは、労働時間や賃金、休日など労働条件の最低基準を定めた最も基本的な法律のこと。労働基準法、労働組合法、労働関係調整法の3つの法律を指します。

　一方で、郊外のマイホームから「乗車率300％（1975年）」とも言われる、ギュウギュウ詰めの電車で都心のオフィスへ通勤することが当たり前の光景でした。「通勤地獄」「殺人電車」といった言葉がニュースメディアで頻繁に取り上げられていた時期です。

　「ニューファミリー層」と呼ばれる核家族世代が増えたのも、この時代。戦後生まれの世代が家庭を持つようになると、郊外の団地に夫婦と子供だけで住むことが憧れのライフスタイルとなります。当時はまだ高価でしたが、60年代後半に新三種の神器や3Cと呼ばれたカラーテレビ、クーラー、自家用車（Car）が市民に普及し始めたのは、70年代に入ってからのことです。

　終身雇用が常識とされた時代のため、ラジオの人生相談などでは「上司や取引先からのハラスメント行為に耐えることも給料のうち」と諭されるのはお決まりの回答でした。

　現代では見られませんが、バスや電車などの公共交通機関の中でも喫煙が許されており、飛行機にも喫煙席がありました。当然のようにオフィス内でも当たり前に喫煙が許されており、くわえタバコで深夜残業、というのはどこででも見られる光景でした。

ポイント

- 1974年のオイルショックなどで労働環境が厳しくなった
- 労働者の命に関わる基本的な権利の要求・改善が始められた
- 労働者の住環境や通勤などへの配慮はなかった
- ハラスメントに関する意識は相当低かった

バブル崩壊で労働者が権利に目覚める

1990年代の働き方
アップデートを学ぶ

　1990年代は、91年のバブル崩壊から日本経済の停滞と、働く環境の大きな変化が進んだ波乱の10年間でした。「土地の価格は決して下がらない」と信じられていた土地神話が崩れ、大企業でもリストラや合併、外資からの買収など業界再編が進みました。

　日本型雇用として当たり前に行われてきた終身雇用や年功序列が揺らぎ、非正規雇用や中途採用が増加。当時は「雇用の流動性が上がった」というプラスの側面よりも、雇用の不安定化や社会的な格差の拡大が課題となりました。事業者サイドが人件費をコストと考えたことで、企業による労働コストの削減が熱心に行われます。Windows95の発売以降は、オフィスから家庭へもパソコンが普及し、仕事のOA化・パソコンの一般化が進みました。

　一方、労働者にとっての業務の効率化は「余暇を生み出し、ワークライフバランス向上」と「余剰人員のリストラ」の両面で大きな影響を与えました。非正規労働者の割合が増えたことで、パートタイム労働法の制定など、働き方のバリエーションの増加に社会が対応を始めた時期でもありました。

　1995年頃からノートパソコンが普及し始めると、働く場所が会社のオフィスでなくてもいい人が現れ始めます。同じ頃、一般の個人向けの携帯電話やPHSが販売開始。通話料金の体系も割高でしたが、爆発的な勢いで普及しました。NTTドコモのiモードなど、新しい通信デバイスに合わせた情報サービスも始まり、時流を掴んだ「着メロ、占いサイト」などのベンチャー企業が急成長する分野もありました。

　インターネットを利用するサービスなどの登場で、既存サービスからの置き換えが進んだ時期でもあり、同時に製造業などでは日本国内に比較して人件費が安かった中国等へ生産拠点を移す動きが活発化して家電や自動車、半導体など、日本の強みとされていた産業が海外に移転されていった時代。海外工場や海外子会社が増え、技術流出が心配されました。

　また、1995年1月に発生した阪神淡路大震災、3月の地下鉄サリン事件などをきっかけに、人々の間に漠然とした不安感が蔓延。日頃からの災害対策の重要性が再認識されたほか、労働者が一人ひとりの個人として「生き方」や「働き方」を考えるきっかけにもなりました。不安に応えるように自己啓発本やセミナーが増え、海外の大学院で経営学修士（MBA）を修めるビジネスマンが増えたのもこの頃のことで、コンサルティング業が一般に認識され始めた時期でもあります。

ポイント

- 終身雇用や年功序列は日本型雇用と呼ばれた
- バブル崩壊直前の1989年4月から消費税（3％）開始
- Windows95以降OA化の裾野が拡がり、パソコンを使えることがオフィスワークの基本技能とされるようになっていった

「改善」から「改革」へ

2010年代の働き方
アップデートを学ぶ

　2010年代は労働人口の減少をカバーするため、生産性の向上が経済成長を支えるキーポイントになると強調された時代。政府も企業も、効率的な働き方の推進やデジタル化の推進が生産性を向上させると、「改革」の普及・推進に力を入れました。

　労働生産性の向上とは、より少ない人数で業務を安定的に回せるようにすることを意味し、政府は便利な道具を積極的に取り入れることや、多様な人材とその人たちに合わせた働き方を認めることなどを組み合わせることを補助金等で後押ししました。

　この時代にはiPhoneを皮切りにスマートフォンやタブレットが爆発的に普及したほか、これまでの延長線上を示す「改善」から、大胆な方向転換も含む「革命」があらゆる場面で発信されるようになります。そして、一部のITに詳しい人や情報発信に熱心な人が利用していたSNS（ソーシャルメディアネットワーク）が一気に一般ユーザーに広まり、購買行動や交友関係、事業取引にまでも大きな影響を及ぼすようになりました。

　2011年3月の東日本大震災でライフラインとしてSNSが活躍したことにより、さらにSNSに普及が後押しされ、徐々にオンライ

ン会議システムの認知へとつながる一端となります。利用者の増加で一般ユーザーの情報インフラととなり、SNSを活用した宣伝広告も広まりました。

　2017年には政府から「働き方改革実行計画」が発表され、国を挙げて働き方改革推進に必要な法整備なども進み、就業規則や業務委託契約等にも影響を与えます。長時間労働の是正や柔軟な働き方の導入、労働流動性向上の推進が目指され、フリーランスや起業など、独立系キャリア形成が増加、女性の管理職登用の増加など、働き方の潮流に変化が起こります。

　外国人労働者の受け入れもこれまで以上に増やす方向で制度設計が行われ、2010年7月には入国管理法により「技能実習生」制度が創設。それまでは研修生扱いだった外国人労働者への待遇改善や適正な雇用を求めるものでした。

　この時代は、大学院への進学率が高まった結果、修士や博士号を取得しても経済的に苦しい状態に置かれた「高学歴ワーキングプア」の存在も認知されるようになります。直近である2010年代は、人材の不適切な配置や給与体系のアンバランスなどの問題を残しつつも、個人が自分の人生における働き方を主張し、流動的・建設的・実験的な働き方に挑戦できるようになった時代でもあります。

ポイント
- 政府による働き方改革の目的が生産性向上となった
- スマートフォンの普及が社会生活に大きな変革をもたらした
- 度重なる自然災害を経験し、職場や働き方における優先順位が変化した人や企業が増えた

2020年代の働き方 アップデートを学ぶ

　令和の時代、つまり2020年代の働き方はどのように変化していくのでしょうか。現在、「DX（Digital Transformation）」などのキーワードにより、デジタル技術の進化を活用した社会構造や価値観の変化が盛んに謳われています。しかし、このような技術の進化や競争の変化、モノ作りからコト作りへの変化は、これからの世界の変化の本質ではありません。最も本質的な変化は「集団（所属）から個（私）へのパワーシフト」が起きているということです。

　これまで長年続いてきた農業社会、工業社会においては、価値を生産するために大規模な資本や施設をベースに、人々は組織に所属することで価値の生産に参加してきました。とくに貨幣経済によって富が蓄積されるようになると、人は集団における自分の富裕度を意識するようになったのです。こうして、働くということは「どこかに所属し」、「与えられた仕事で誰かより稼ぐこと」という価値観に定まっていきました。個（私）が埋没した、集団の論理、比較の論理で動くということです。

　しかし、デジタル技術の発展により、資源の「所有」をしなく

ても、ある程度の資源は「使用」することができるようになりました。例えばカーシェアやシェアサイクルのようにパーソナルな移動手段も比較的手軽に利用でき、様々な生産・物流設備や受注・会計システムなども、個人で利用できるものが増えています。これによって、組織に所属しない個人であっても価値生産の主役になることができるようになりました。Uber Eatsのように、組織に所属しているわけではなく、個人としてUberのインフラを活用し、価値を生み出しているのがわかりやすい例でしょう。

　また、インターネットを通じて情報の入手や発信ができる範囲が広がったことで、企業組織や地域などにとらわれず、数多くのコミュニティに属することも可能になりました。YouTubeやTikTokといった動画サイトで、個人が発信して価値を生産することも容易になっています。

　このように、所属先の複数化や多様化が進んでいくと、1つの所属先から受ける影響の割合が下がり、所属という縛りから開放され、個人としてのアイデンティティをより強く意識することができるようになります。つまり、「自分にとって価値のあることのために、自分なりのやり方をする」のが当たり前になり、働き方に対する意識もアップデートされていくようになるでしょう。

■ ポイント

- これから先の働き方は、集団に属して働くことから、個（私）を重視した働き方へとシフトしていく
- 現在でも組織に所属しない個人でも、価値生産の主役になれる
- 所属先が複数あると所属から解放された状態になる

2030年代の働き方
アップデートを学ぶ

　これからの時代、2030年代には、どこかに所属し、所属先で命じられた仕事をするという行為から解放され、自分にとって価値のあることのために自分なりのやり方で働くことが重視されるようになります。

　実際に2010年代から増えてきた「スタートアップを立ち上げる」といった選択は、現在ではギャンブルのような扱いを受けることもなくなっています。2010・2020年代に立ち上げられたスタートアップ企業も大きく成長するところは増えており、2030年代には日本経済で占める割合も大きくなるでしょう。

　2030年代はまた、スタートアップが成長することは当然になり、その起業方法や成長過程の進め方などの周知も広がり、ますます起業する人も多くなるでしょう。

　また、「個人事業主として働く」といった組織に所属する以外の選択肢も増えています。これは、ICTツールの普及によって会社という場で働く必要性が減ったことや、個人の技能や資質に依存する専門性が高い仕事が増え、直接依頼を受ける環境が整って

きたことが原因でしょう。ほかにも、コロナ禍によりリモートワークが進み、ビデオ会議なども一般化したことによって、個人として働くことが珍しくない社会環境になってきたことも、独立を促す原因になっているかもしれません。

　2030年代は今よりもさらにICTツールなどの技術が進み、情報インフラの整備なども進んで個人事業主として働きやすくなると考えられます。

　一方の企業は、現在も続く大きな働き方の変化に対応できるかどうかで大きく差が生まれているでしょう。大雑把な分類ですが、2030年代にはAIが本格的に活用されて、人が行う業務は人が生産性を生み出すクリエイティブな業務と、AIではできない肉体を使うものになると予想されています。

　個人の価値基準も、貯蓄や消費の他にも「どれだけ社会に貢献できているか」「面白いことができているか」、そして「より持続的、健康的に過ごせているか」という、非金銭的な価値観を大事にする人も増えています。2030年代にはこの価値観は主流を占めるようになり、より志事を実現する人は増えていくでしょう。

　現代は「私」の価値観を重視する時代へシフトしています。1つの所属先だけでなく社会全体に目を向け、幅広い情報にアンテナを張ることが2030年代には必須となってくるでしょう。

ポイント

- デジタルテクノロジーの進化で会社という場の必要性が減る
- 個人の力に依存する仕事を個人事業主として行う人が増える
- 企業では生産性を生み出すクリエイティブな業務が増える
- 非金銭的な価値観を大事にする人が主流を占める社会になる

今の組織の働き方ステージは?

□ ハラスメント防止に積極的

□ 社員の通勤や環境を気にしている

□ 評価軸が年功序列にとらわれない

□ 積極的にOA化が進んでいる

□ 女性でも働きやすい職場である

□ ワークライフバランスを重要視

□ 生産性の向上を日々目指している

□ 多様な働き方が認められている

□ 個を尊重した働き方ができている

□ 働く意義や価値を見出せている

第 2 章

働き方アップデートの基本知識

- Beginning -

なぜ変化が必要なのか。どのような改革が必要なのか。それを知り、頭に入れておくことで仕事のアップデートにブレない軸が作れます。自分の働き方アップデートのために必要な、基本となる知識をまずは学んでいきましょう。

根強く残る誤った働き方改革の考え方

働き方アップデートは
時間削減ではない

「働き方改革」というと「つまり時短でしょ」と考える人は今も少なくありません。とくに上の世代ほどその意識が強いのではないでしょうか。しかし、本書で取り上げている働き方改革＝働き方アップデートは「時間削減（労働時間削減）」ではありません。

1970年代以降の働き方改革の1つであった時間削減とは、不適切な長時間労働を適切な時間へと変えるために基本的な労働時間を8時間に定め、それを守ることを企業に課したもの。8時間を超える労働には残業代（22時を超える場合には深夜残業代も）を支払うといった、法律を定めたということです。この「労働時間の削減」が働き方改革だというのは昔のイメージでしかありません。

今の時代に取り組むべき働き方改革、つまり働き方アップデートは、何かの法律が定められているわけでもなく、法的な根拠はありません。そもそもアップデートとは「現在よりもレベルアップする」といった意味です。時間や割合と言った数値は、基準値の変化を測るための手段でしかありません。

つまり、法律（労働基準法）で定められた労働時間短縮と、「より働き方をレベルアップしょう」という働き方アップデートは、

同じだと考えること自体が大きな間違いなのです。

このような誤解が生まれる原因は「働き方改革」という言葉が、広い世代に一般化したためでしょう。時代により意味する内容が変化したにもかかわらず、それぞれの持つイメージが違うまま現代に至っているのです。

しかし、労働時間の削減を働き方改革だと思っていると、大きな落とし穴にはまります。それは、働き方改革で労働時間＝人件費（コスト）を削減するのが改革だと考えてしまうこと。目の前の決算で収支をプラスにするには、労働時間という人件費をカットすればコストダウンになり、一時的にはプラスになります。しかし、減った分の労働時間をカバーするために非正規雇用を増やして穴埋めをし、置き換えられた非正規労働者の労働時間の生産性は以前より低くなったのです。

この誤った働き方改革の下で、労働時間という「収益を生む源泉」が減らされ続けてきた結果、日本経済のGDPは中国やドイツに抜かれ、技術力も各国並みかそれ以下になって強みとは呼べなくなりました。本当に必要だったのは、生み出す収益を維持したまま効率化を進め、結果として生まれた労働時間で新たな収益を生むという循環だったのです。これを実現するためには、個人レベルでの仕事のアップデートが欠かせません。

■ ポイント

- 働き方改革＝労働時間削減という考え方は、1970年代の古いイメージ
- 「収益を生む源泉」である労働時間の削減は成長を阻害する
- 収益を維持したまま効率化して生まれた時間で新しい収益を生むという循環の実現のためには、個人の働き方アップデートが欠かせない

場所を変えて、働き方は変化したのか

働き方アップデートは
オフィス改革とも違う

　ノートパソコンが個人に支給されることが当たり前になった頃、長時間労働の是正とは別の流れの改革がブームになりました。それまでは社員ごとに決まった席を与えることが常識でしたが、それを廃止すること。デスクと個人を切り離した「フリーアドレス」が大流行しました。確かに、ワークプレイス改革、つまり仕事場のレイアウトや機材を変える「オフィス改革」はワークスタイル改革を後押しすると考えられますし、成功事例の紹介を目にしたこともあるでしょう。

　しかし、「フリーアドレスを導入したけれど、思ったほど使われないし、成果も出ていない」という悩みも多く挙がりました。かなりの金額を掛けてICTツールの導入に踏み切ったけれど、働き方は特に変わらなかったというケースも少なくありません。つまり、「私の働き方改革」を進めるには室内レイアウトなどの物理的環境の変化、つまりオフィス改革だけでは十分ではないということ。多くのリソースを割いて場を作っても働き方改革がうまくいかなかった事例から分析ができます。

　「座席が固定化されているから、社内のコミュニケーションが

固定化している」という仮説から座席をフリーにして、いろいろな人と偶然隣り合う機会を作り、新しい発想やコミュニケーションの活性化を引き出そうと、フリーアドレスが注目されました。ですが、社員が勝手に自分の居場所を固定化する、毎日パソコンや文房具をロッカーにしまうルールに対して「効率が悪い」と、足元の段ボール箱に入れっぱなしにするなど、抵抗する人々は、対抗策をいろいろと生み出しました。

　企業の経営層がコミュニケーションの活性化に込めた目的は、部署の垣根を越えたつながりを生むことや、それにより部署を跨ぐ業務がスムーズに進むこと、画期的なアイデアが生まれて売り上げUPなどの業績向上につながることでした。

　しかし、実際は「名ばかりフリーアドレス」の横行や、朝から椅子取りゲームを強要されることへの不満、等々……、本質的な目的は達成されることなく、新たな問題が山積みになる始末でした。フリーアドレスで人数分のデスク等が不要となり、オフィス移転をして賃料（コスト）を減らしたり、雑談が増えたように見えるケースもあり、一見するとフリーアドレスが成功しているように見える会社もあります。しかし、働き方改革の視点では「根本的には変わっていない」というケースもあるのです。

■ ポイント

- 革新的な試みとして大流行したフリーアドレスオフィスだが、目指したことが成功しているかは冷静に判断する必要がある
- フリーアドレスなのに実質は指定席化するなど、現場での抵抗勢力による根深い問題が浮上した会社は多い

先進ICTの「便利グッズ止まり」は損失

働き方アップデートは
ツール導入でもない

　過去の働き方改革、とくにデジタルを導入する改革では、ICTの導入に踏み切った会社も多数ありました。ITの力を活用して業務を効率化し、作業の時短をはかり、早く帰れるようにする。むやみに定時退勤を強制することに比べれば、建設的で素晴らしい目的ですが、現実は厳しいものでした。

　それは、「ツール」は働き方を変えたい人に向けて作られたもので、従来のやり方の方が良いと思う人にとっては、使う理由がなかったからです。最先端のオフィス環境もお金をかけて導入したICT環境も、使いこなせる人だけが使う「便利グッズ」程度の位置づけになってしまうと効果は出ません。

　本来は業務の根幹を支えるインフラであるはずのICTも、全員が喜んで受け入れているわけではありません。全員が適切なレベルで使用できれば大変有効ですが、抵抗勢力があらゆる場面や階層で時に静かに、時に大きな声で抵抗してきたのです。

　ちょっとした伝達事項や質問などはチャットやメールでと言われても、電話や直接会って話すことの方が良いと考える文化、対

面にこそ価値があると考える人は少なくありません。また、ビデオ会議システムを失礼と考えたり、そもそも新しいツールの使い方を覚えるのが面倒だと考える、古いやり方などに固執する人もいます。働き方を変えることに関心がないこれらの人たちは、ローカルルールを作ってこれまで通りの業務フローを変更せず、従来通りで業務を進めているという話もあります。こういった今までのやり方で続けたい人たちは、経営層、管理職、一般従業員とあらゆる層にいます。中には「ICTは使えないツール」とレッテルを貼って、使用していない例もあるようです。

　しかし、現代はICTを使わないで仕事をすることはできません。情報システムに強い部署や、ツールがないと業務が進まない部署、強いリーダーシップでツール使用を定着させた部署などはどんどん利用する一方で、改革を受け入れずに抵抗する人は、いずれ「ICTが使えない人」とレッテルを貼られ、会社に居場所がなくなる可能性もあります。

　物理的環境（場）だけを改革してもうまくいかない例からわかるのは、一人ひとりが自覚をもって、自発的に「私の働き方改革」に動かなければ始まらないということです。そして、ツールだけではなく、個人が自らがより充実した成果を上げるために、周囲に働きかけて「成果の上がる場」を作り上げること。これこそが「私の働き方改革」の神髄です。

ポイント

- 抵抗勢力はどの階層にもまんべんなく存在している
- ICT（ツール）の導入を面倒事が増えたと思い、活用しない人も一定の確率でいる。業務インフラとして全員が必要に迫られるくらいの改革がないと定着は難しい

改革の本質はどこにあるのか忘れない

働き方アップデートは
制度改革では成功しない

　オフィス改革よりも早くから始められていたのが、企業や組織での評価制度や、それに伴う上司と部下のコミュニケーションでした。きっかけは1991年のバブル崩壊と言われています。

　それまでの日本企業は年功序列が常識で、就職というよりも、一生を１社で勤め上げる「就社」の意識が強くあり、評価面では「在職年数」に価値があると信じられていました。

　成果主義の導入は、「成果とは何か」「優劣をどのように判定するのか」など、それまでの日本型経営では深く考えられてこなかった視点を必要とします。さらに「個別的」「短期的」「数値的」な評価が求められ、「360°評価」など、評価者と評価対象者の立場が入れ替わるものも登場しました。

　評価の視点が一人ひとりのスキルやキャリア意識と部署のミッションのすり合わせ、客観的な数値目標（MBO：Management by Objectives）の落とし込みに変化し、数値目標を挙げることも広まりました。同時に、「ワン・オン・ワン」と呼ばれる上司と部下が一対一で行う面談を年に数度定期的に持ち、面談の充実

度が部下から人事部へ報告するなど試行錯誤がなされました。

　実際はどうだったのかというと、こちらも形式上は進んでいきましたが、本質的には以前からの流れから変わらなかったという企業が多くありました。ワン・オン・ワンは、上司からの指導タイムになってしまったり、当たり障りない話題で終始するなど、コミュニケーションの質までコントロールするのが難しいからです。目標設定シートも、フォーマットや記入方法などを変えても実情は「以前からの内容をできるだけ引き継いで変えずに行きたい」という思惑に引きずられる面が多々ありました。
　これまで紹介してきた他にも、フレックスタイム制度の導入や育休の普及、在宅勤務制度の拡充など、働き方改革の方法として試行錯誤されてきたことは数多くあります。しかし、法整備や補助金などのインセンティブ、コロナ禍のような非常事態への対応経験でいくらかは状況が変わった企業もある一方で、コロナ禍が終息した途端、従来の方法へ戻った会社もあります。つまり、お金をかけて「場（環境）」を変えても、トップダウンで「型（制度）」を変えても社員の「私の働き方改革」が進まなかったのです。差し当たって困っていないことを、慣れない方法や面倒なツールで行うようにトップダウンの指示が下りて来ただけでは、自分の働き方を変える動機にならないということでしょう。

ポイント
- 働き方改革の本質が関係者全員に納得されなければ、見た目を取り繕うだけで終わってしまう
- 「型」を与えるよりも大切なことがある
- 働き方を変えようとトップダウンで指示をしても効果は見込めない

働き方アップデートは
時間の使い方改革

　働き方改革といえば、まずイメージするのは働く上でのルール変更ではないでしょうか。法律や条例、就業規則など拘束力があり、日々の生活リズムの変更を強要されるなど、受け身でネガティブなものと捉えた人もいるかもしれません。

　しかし、真の目的は全ての人がイキイキと生きることができるように環境を大きく変化させること。時間の使い方を変えることで人生の充実度を上げ、企業の成長とそこで働く人々の人生の充実の両立が目的なのです。

　今、あなたの毎日はイキイキしているでしょうか。モヤモヤした時間に慢性的な疲労感を抱えてはいないでしょうか。1つずつは小さくても以下は積み重なるとダメージを受けます。

モヤモヤした時間の使い方

・決めない・議論しない、形だけの定例会議
・読まれないとわかっているのに無くならない資料作り
・メールの読み書きに長時間費やす
・やたらと緊急の仕事が割り込んでくる

イキイキした時間の使い方

　・新しいことや改善を生み出す生産的な会議

　・課題解決や業務を促進する資料

　・クリエイティブなコミュニケーション

　・「急ぎではないが重要」な仕事に腰を据えて取り組む

　・新たな学びや家族と過ごす時間でリフレッシュ

　イキイキと付加価値の高い時間にリソースを振り向けることで、個人はイキイキと働くことができます。モヤモヤとして働くのと比べると、成果や満足度が上がるのは当然でしょう。

　労働者にとってはモヤモヤとした気持ちを押し込めながら送る日々は、耐えることに多くのエネルギーが消費されます。反対に、自分の能力が発揮でき、創意工夫が受け入れられることは喜びであり、イキイキと働くことができます。このときに感じる「働きがい」「やりがい」が働くエネルギーになり、そのエネルギーにより企業も成長を遂げることができるのです。

　このように、働く人の人生の充実と企業の成長の両立が、働き方改革が目指すゴール。最新の考え方はこのようなものですが、いまだに制度だけという扱いや考え方をする人が多く、本当に働く人のための改革というのは進んでいません。

ポイント

・労働者がイキイキしてこそ、会社の業績向上が望める

・そのつもりはなくても、ダラダラとメールや割り込み仕事に時間を取られることはモヤモヤ時間

・ワークライフバランスからイキイキ時間が生まれる

労働生産性計算式の
ワナを見破る

　一般的に、働き方改革は「労働生産性」を高めることが狙いです。この生産性を数値化する場合は「生産性＝成果（アウトプット）÷投入した資源（インプット）」で計算するのが一般的で、その式は「労働生産性＝労働成果÷労働量」となります。このとき、割り算の結果を大きくする方法は２つあります。分子を大きくするか、分母を小さくするかですが、これがワナなのです。

　労働成果を営業利益と考えたとき、この値を大きくするのは困難です。このとき、労働生産性を上げるためには分母である労働量を小さくすれば、数字上は大きな数値になります。しかし、これまでの仕事の流れや仕組みを変更せず、働く人や時間だけを減らそうとすれば生産量が減り、営業利益もマイナスになります。

　着眼点を少し変えたのが図表の右の計算式で、労働成果は労働生産性と労働量の掛け算で表したものです。式の右辺と左辺の値を入れ替えただけですが、労働成果を上げる方法が２つ見えてきます。労働生産性をアップするか、労働量を追加するかです。

　生産性を高める具体的な方法は法則013で解説しますが、労働量を減らすことについては次に注意が必要です。

労働生産性を測る2つの計算式

よくある生産性の数式	本質がわかりやすい数式
労働生産性 $=\dfrac{労働成果}{労働量}$	労働成果 $=$ 労働生産性 $\times$ 労働量
労働時間を削減すると生産性の数字が向上するため、シンプルな時短（電気を消す）に走る	生産性を向上することができれば労働量を減らしても、労働成果は変わらない

・労働時間を減らす場合は「本当にムダな時間」を吟味する
・部屋や廊下の照明を落とす、こまめな節電を義務づけるなど、手間の割に成果への影響が微々たるものに労力を割かない
・少人数で残業をして対応するのと、十分な人数で定時間内に終わらせることの有効性は計算して比較する
・労働生産性が上がること（便利なツールの導入、問題点の排除）に投資する視点を持つ
・会社や業務全体での最適化を忘れない

　上記のような意味のある労働時間の削減でなければ、労働生産性のワナにはまり、実りのない改革になってしまうのです。

ポイント
・労働成果は掛け算で計算する
・労働生産性を上げれば労働時間は短縮できる
・単純かつ強制的な時短や節約は本当に労働成果につながっているのかを疑うことも大切

全員がプレイヤーの気持ちで取り組む

労働生産性改革を
実現するための3本柱

　労働生産性を上げる方法は3つの要素の足し算で考えるとわかり
やすいでしょう。

・労働生産性アップ＝ドメイン（やること）＋プロセス（やり方）
　＋やる力（スキル、モチベーション）

　もう少しかみ砕いていうと、「やること・やり方・やる力を見直し、
高めること」と定義できます。

　時間は有限であり、仕事の要素の中で唯一お金では買うことがで
きないものでもあります。時間が買えないために人数を増やしたり、
便利な道具を使うなどをするのです。この大切な時間をどこに割く
のかは経営判断になりますが、最も効果が出る部分に投入するのは
自然な判断と言えるでしょう。

　「やること」「やり方」「やる力」は職場の一人ひとりが、ぞれぞ
れの立場で自分事として創意工夫をするときに効果が表れます。自
分から意識して仕事を見直し、必要があれば変えていくことも必要
です。また、時には周囲の人や上司、関係先などへの提案や説明、
説得が必要になることもあるでしょう。日本では1960年時代からQC

（品質管理）サークル活動など、身近な改善点を探し、共有することで製品品質を向上させてきた歴史があります。まずは目の前の小さな当たり前をもう一度別の角度から見るだけでも、ヒントが見つかるかもしれません。

　3つの項目のうち「やる力」は「スキル」と「モチベーション」を意味します。自ら行動を起こし、変え、周囲に提言するなどの働きかけを行うことこそが、働き方改革の本質であり、労働者の多様性は視点や意見、価値観の多様性そのものです。
　働き方改革によって得られた多様性を活用し、より全員が満足に近づく方法を探すことで仕事を通して社会に貢献できる機会でもあります。そのためにも、掛け算思考、足し算思考で正しい生産性向上を目指しましょう。

労働生産性アップの計算式

やること		やり方		やる力		労働生産性アップ
もっと価値があることに費やすリソース（時間）をシフトする	＋	より早く・より高品質の成果を生むプロセス（方法）に変える	＋	一人ひとりがより成果を上げられるように周囲も巻き込み進化する	＝	労働生産性アップ

ポイント

- 力の入れどころを考えて、最も効果的な方法を模索する
- 労働生産性は3要素の足し算。できるところを高めていく
- 経営者、管理職、職場の一人ひとりが当事者
- 視点・意見・価値観の多様性を活かして生産性を高めることが大事

承認から提案実行へシフトする

経営層のやること・やり方・やる力改革とは

　経営層は何に時間を割いているでしょうか。毎日のように開かれる会議へ出席し、部下からの提案を「審査・承認すること」が仕事の大半であれば、「やること改革」が必要です。具体的には「承認から提案実行へ」のシフトが挙げられます。

　まずは自ら現場へ足を運び、自部門や自社の現状を把握する。そのうえで、戦略を考え、関係部門との調整や対話を重ね「提案・実行すること」の行動量を増やすことが重要です。事業全体、会社全体の空気を動かすことができるのが経営層であり、大きな枠での仕組み改革、大胆な事業構造の変革やプロセスの見直しなどをドラスティックに進めるのが役割だといえます。

　部下の育成も「完璧な提案書が出てくるまで添削と差し戻し」は過去のやり方です。今は、デシジョンメーカー（実効力のある意思決定者）としてリスクを取って意思決定する姿を見せる、共にデータに基づく判断をするなど「経営者としての姿を見せること」がそのまま部下の育成になります。常にプレイヤーの精神を持ちつつ広い視野で判断をすることです。

　外国企業にM＆A（合併や買収）された企業が、急速に業績向

上させたというニュースを目にすることがあります。旧態依然とした日本型の経営陣が一掃された途端に好業績に変化したということは、経営マネジメントが会社のポテンシャルにふたをしていたと言えるでしょう。経営力が事業成功、収益向上に与える影響の大きさがわかります。経営層にとっての「やる力」とは、経営マネジメント能力なのです。

　つまり、経営層は経営のプロとして、マネジメント力を高める努力の継続が重要ということです。経営層の判断次第で会社の業績が大きく変えられることからも、ひとりが受け持つ責任の大きさがわかります。経営層はそれを強く意識することが鍵。職位が上がると、求められる能力も抽象化します。「経営者としての判断のしかた」をバージョンアップすることで、より高い視点・視座から将来を見据えた判断力が強化されるでしょう。

　一般社員、管理職そして経営層では立場は違いますが、自分に求められる能力の中に「気づく・見直すこと」「提案すること」が含まれています。その影響範囲や周囲への強制力には差がありますが、根本は同じです。「私の働き方改革」に取り組むことが、1つ上の役職へ向けたトレーニングにもなっています。共に学び合い高めあう意識がある組織は「働き方改革」が目指すところと一致します。

■ポイント

- 「デシジョンメーカー」としての自覚と自信は経営者の学びの指針になる
- 組織の生み出す価値を高めるために不要なモノを切り捨てる決断ができるのも経営層の力と責任

管理職のやること・やり方・やる力改革とは

　管理職にとってのやること改革は、組織としての少し先の未来を想像し、将来の成長に向けた仕組みや仕掛けを作ることです。

　ポイントは、「目の前の仕事の管理」だけが管理の対象ではないと自覚すること。部下からの報告を取りまとめて満足していては組織の働き方に良い変化は起こりません。将来価値を生むことの仕込みに、現在の仕事の時間を使うことが求められるのです。日常業務から離れたところにも神経を張り巡らし、イメージする習慣が大切です。

　具体的には、戦略の見直しや、組織や業務のプロセスの改良、将来を見据えた人材育成などがあります。また、経営者的な視点や思考も必要です。これまで経験やカンをもとに意思決定をしていたのであれば、データに基づいた冷静な判断の積み重ねや、どの程度リスクを取るかをあらかじめ入れ込んだ上での組織運営に切り替えていくのです。他にも、部下とのコミュニケーションやチームビルディングについて学び直し、スキルや価値観を更新し続けることが求められます。テーマはたくさんあるのです。

　一般の職員から経営層まで、全ての人に当てはまるのはICTの知識を身につけ、活用できるようになることです。AIの急速な発展は業務プロセスの効率化に非常に有効です。特にこれまで属人化しやすかった事務処理プロセスの改革にうってつけです。たくさんの便利な製品やサービスが日々開発され、導入の検討を任されたり、最終的な判断をする場面も出るでしょう。いつまでも「そういうものには疎くて」は通用しません。

　仕事のやり方を指導する管理職こそ、ICTやコーチングなどの高いスキル・知識を持っていることが理想的です。個人での学習も必要です。あわせて、チーム内、組織内での勉強会や講習会を開くなど、管理職の権限を活用することで、同時に部下の育成も行うなど効率的な方法が取れます。

　管理職と一般職の間では、どうしてもコミュニケーションに偏りが出ます。「上から下へ」「指導する」も大切な役割ですが、勉強会の場をプレゼンの練習としても使えるよう工夫する、定型的な報告会を情報のシェアリングの場にシフトさせ、フラットなコミュニケーションからお互いが学び合う空気を作るなど、管理職だからできるマネジメントがあります。変化を過度に恐れず、日常的に少しずつ変えてみる、試してみて自社や組織と合わなければ元のやり方に戻すなど、将来の成果を見据えた柔軟なチャレンジは管理職だからこそできる「私の働き方改革」です。

ポイント

- 次々に現れる新技術や専門用語を意識して学んでいくことで、時代に即した判断と未来を見据えた決断ができる
- 経営層と一般職員をつなぐ立場だからこそ、チェンジやチャレンジできるテーマが無数にある

人生におけるやること改革は自己研鑽

従業員のやること・やり方・やる力改革とは

　会社の中には必ず一般従業員がいます。その従業員の働き方改革は、いわゆる「自己研鑽」をすることです。しかし、これは会社や業務に対する研鑽ではありません。自分の人生全体を向上させるための「人生におけるやること改革」です。

　多くの場合、会社が決めた目標を達成するために必要なことが個人の目標として示されるため、目の前の仕事をミス無く決まったやり方で行うことが働くことと思いがちです。しかし、まじめに仕事をすることは悪いことではないものの、大切なことが欠けているといえます。それは「自分で考え、自分で行動する力」こそが従業員一人ひとりが持つべき力ということ。この力を持つことが、会社の成長につながるからです。

　まずは、自分自身の能力を高めるための時間を作る必要があります。自分のできる範囲で仕事を見直し、効率化をはかったり、チームや部署単位での効率化案を提示したりするといいでしょう。効率化によって生まれた時間は、「生きる能力」を鍛えるためにあて、人生を充実させるために使うのです。

　生きる能力とは「自分自身で考えて意思決定をし、行動する能力」のことです。欧米の働き方と比較すると、日本では自主的な発想や行動は歓迎されてこなかった歴史があります。まじめに学び、決められたことを正確に行うこと、決められたレール上をミスなく走ることが評価されてきました。

　しかし、ビジネスがグローバル化している現代は、古い時代の日本的な働き方をしていては個人も企業も成長できず、世界との競争に勝てるわけもありません。新たな視点で世の中を見渡し、自分自身で考え、意志決定できなければ、「より良い人生」を選ぶこともできないでしょう。

　欧米で盛んに行われているリベラル教育は、「自分で考え、自分で行動する力」を養うもので、大学で最初に学ぶと言われています。従来の詰め込み教育では習わなかった能力が仕事に必要とされる時代になったのです。

　まずは仕事の成果を高めることに焦点を当て、考えたり学んだりする時間を確保しましょう。そして、仕事の成果を上げることで人生の充実度を上げるための時間を確保するのです。そのための原動力は「定時に帰宅したい」「旅行のために休暇を取りたい」などちいさな欲求・欲望で構いません。

　「やりたいことのためにがんばる」というのが自己研鑽の最初の一歩になります。

ポイント

- 多くの日本人は学校教育でリベラル教育を学んでこなかったので、自ら身につけることを意識すると良い
- 会社が示すやり方を否定するのではなく、より良い手順や仕組みを考え提案することが働き方改革

成果の定義から
アップデートする

　会社における働き方改革では、労働生産性の向上によって得られる「短時間での高い労働成果」を指標にしました。これをそのまま「私の働き方改革」に当てはめることはできません。組織の成果がそのまま個人の成果とイコールではないからです。

　では、主語を「私」としたとき、何を指標にすればいいのでしょうか？　人生の目標、自分はどこへ向かっているかを明確にすることで、この問いに答えることができます。

　働く人は誰もが「働いて得たお金で、何をしたいのか」を明確にすること、そのために十分な時間をかけて吟味しましょう。したいことを「どのように」までリアルに思い描いたり、その状態へたどり着くための道筋を考えたり、必要な金額やそのお金を得る方法を挙げるなど、なるべく細かく答えていきます。そうすることで自分の目標が具体化されるのです。

　アレコレと想像を膨らませることも「私の働き方改革」をより良い結果に導くために必要な時間。いつもとは違うことをする小さな勇気が将来を変えるのです。

　次に、「人生の充実」ですが、その答えは、それぞれが人生の
どのステージにいるのかによって変わります。小学生の頃に憧れ
たプロスポーツ選手や演奏家などを、現在まで変わらずに目標と
している人は、ごく少数でしょう。ふつうは、年齢を重ねたり、
関わる人やコミュニティが変わったり、何かを成し遂げて成長し
たりすることで、目指すものや到達目標は変化していきます。

　このとき、「何に」「どのくらい」の時間を使うかによって「成
果」は変化します。このことは以下の式で表せます。

$$\boxed{成果} = \boxed{生産性 \times 投入量}$$

　個人の「人生の充実」についてだけではありません。「会社の
充実」、つまり会社の成長についても式は同じです。「働き方改革
を進めているけれど何も変わらない」と感じている人は、この式
を思い出してみましょう。生産性とはつまり効率のことです。効
率が悪ければ、どれだけ長い時間を使っても十分な成果とはなり
ません。投入量とはどれだけのコスト（労力・お金）をかけたか
です。投入量が少なければ、どんなに効率がよくても成果は上が
らないでしょう。つまり、効率のいい働き方に変えることで、投
入しているコスト（労力・時間）を変えずに成果を上げることが
できるのです。

ポイント
- 会社の「働き方改革」と「私の働き方改革」はゴールが異なる
- 自分にとっての「人生の充実」とは何かをしっかり考えると、効果
  を実感できる改革にできる
- 自分の働き方は自分が変える

労働時間を無駄にしない考え方をする

営業職の成果の
定義アップデート例

　営業職の成果は「売上」で、目標額のクリアが目的となります。「成果＝売上＞目標額」と表すことができるでしょう。売上が目標額を上回るかどうかが基準のため、クリアのために労働量（残業・休日出勤）を増やしたり、クリアできていればサボっても成果は変わらない、といったことが起きます。どちらも「生産性」に焦点を当てた働き方とはいえません。

　成果を生産性で測るようにすれば「時間をかけずに売上を得る」ことが目標となります。そこで必要なのが資料作成や訪問の無駄を省いて時間を捻出して新規顧客などの開拓に充てることです。

　繰り返しの書類仕事などを自動化したり、不要な訪問を減らすために先方との確認方法を変えるなどの効率化を行うことで生産性は上がり、結果として売上額もアップするのです。

ポイント

- 目標金額をクリアすることを目標にすると生産性は落ちる
- 生産性を上げるには現在の仕事の無駄を削減する
- 繰り返し作業の自動化や顧客とのやり取りを変えれば効率化ができる
- 生産性を上げることを目標にすれば結果として売上額もアップする

大ヒット狙いのギャンブルより満足度を重視

開発職の成果の
定義アップデート例

　開発職の成果は開発商品の「総売上」から開発コストを除いた「粗利」です。「成果＝総売上―コスト」です。万人受けする商品をなるべく低コストで開発する努力を行いますが、商品がヒットするかは事前にはわかりません。売れるか大コケするか、といった運任せの要素で成果が変化してしまいます。

　開発職は「高品質・低価格」の実現を目的にしがちですが、目的とするべきは顧客の「満足度」です。低価格でなくても、品質はそこそこでも、ニーズにあっていることが大切なのです。つまり開発職の成果は「顧客満足度の向上」にするべきでしょう。

　顧客満足度が高い商品であれば、採算分岐点を超えることも容易で、大ヒットを狙うより確実性も増し、そんな商品を多く生み出して粗利を積み上げれば企業への貢献も果たせます。

ポイント

- 大きな粗利を得られる大ヒット商品を生み出すことに目が行きがち
- 万人受けの商品を目指すことで開発コストも増大し、開発も長期化する
- 成果を「満足度」と設定するとニーズに即した開発を行える
- 万人受けのヒット商品より満足度の高い商品を開発する

全体を助ける視点を持つ個人になる

製造職の成果の
定義アップデート例

　製造職の場合、基本通りに「成果＝生産性」であることが多く、生産性は製造した量によって増加するため、製造量が多い部門が評価されることも多いでしょう。近年では「成果＝生産量―不良率」という正規品の製造量を指針とするところも増えています。

　製造職の働き方は「作業効率を上げる」「不良率を下げる」という部分に注目しがちですが、こちらもアップデートできます。その方法は、個人レベルでの目標達成だけでなく、チームや部署全体の効率アップや不良率ダウンに貢献する意識を持つことです。

　個人レベルでの習熟度に関係なく起きる不具合を発見して改善を勧告したり、工程の重複部分を見つけてまとめる提言をあげるなど、全体の効率がアップする方法を見つければ大きな貢献となり、高い評価を得ることもできるでしょう。

ポイント

- 近年の製造業では「成果＝生産量―不良率」で評価される
- 個人では「作業効率を上げる」「不良率を下げる」ことが大事
- チームや部署全体の効率アップや不良率ダウンに貢献する意識を持つ
- 全体の効率がアップする方法を見つけられると高い評価を得られる

丁寧すぎるくらいの対応を心がける

スタッフ職の成果の定義アップデート例

　スタッフ職は、専門性を生かして職場の業務などへのサポートや助言、あるいは専門業務を行うことによって部門の生産性を上げる役割のため、成果は「部門の生産性アップ度」となります。

　スタッフ職の役割は専門業務の実行と、その特性を生かして部門の効率性を上げるための補助を行うことです。しかし、実際に改善に取り組む人たちが思ったように動かないことも多いでしょう。そんな現状、働き方をアップデートするために必要なのは、周囲とのコミュニケーション方法を変えることです。

　周囲が取り組みやすいようにゴールまでのステップを分けたり、直感的に理解できるように表現を変えるなど、丁寧すぎるくらいの対応を心がけるのがオススメです。周囲の生産性が上がるほど感謝され、やりがいや満足度も大きく増すでしょう。

ポイント

- スタッフ職の成果は「部門の生産性アップ度」で測られる
- 周囲へのサポートがうまく機能しないときは周囲とのコミュニケーション方法を変える
- 周囲への丁寧な対応は生産性もアップさせ、自身の満足度にもつながる

働き方アップデートの主語は「自分」

　働き方改革の本質は、やること・やり方・やる力を冷静に評価し、生産性の向上と充実したプライベートを両立させる時間の使い方にシフトすることです。この改革を行うのは一体誰なのか、「そもそも誰のための改革なのか」を考えましょう。

　職人の世界などでは、修行期間を経て十分な戦力として働けると認められた人は「一人前（いちにんまえ）」になったと言われます。従来の「イチニンマエ」とは、目の前の仕事を正確に素早く進められる人に与えられた称号でした。働き方改革以前は、上司や会社の意思決定に素直に従い、決められた作業を黙々と、山

「一人前」の定義の変化

イチニンマエ集団	ヒトリマエ集団
目の前の仕事を正確に素早く進められる人が集まった集団	組織の枠を越えて一人でも前進できる人が集まった集団

のような業務も粛々と進める人が評価されたのです。しかし、こ
れでは現状維持より上の結果は望めません。

　景気が悪くなり、人口減少による更なる国力の低下といった暗
い未来が予見される中、課題に気づき、組織の枠にとらわれず、
自分事として対応できる人や、新しい価値観をメンバーと共に生
み出し育てる「共創」ができる人が求められています。このよう
な、自律的で創造的な仕事意識を持ち、実行できる人が「一人前
（ヒトリマエ）」の人です。

　しかし、ヒトリマエの人がひとりいるだけでは、業績を上げて
景気をよくすることなどできません。だれも経験のないことに挑
む人、組織の枠を越えてひとりでも前進できる人が集まった集団
が、新しい社会の価値を生み出すことができます。つまり、これ
からは業種や業界にかかわらず、このヒトリマエ集団へシフトす
ることが企業にとって重要になるのです。

・自律的で好奇心があり、さまざまな異分野の人ともつながって
　面白がる人材が集まる集団
・天才的な個人ではなく、無数のヒトリマエの意見からが新しい
　価値観を練り上げる、共創する集団

　会社がこのようなヒトリマエ集団を求める時代に突入するのは
そう遠い未来ではないでしょう。そのときのために、いち早く自
分をアップグレードする必要があります。

■ ポイント

- 「私（わたし）」を「ヒトリマエ」にシフトさせることを考える
- 課題を与えられるのではなく自ら発見できてこそ「ヒトリマエ」
- 組織の枠にとらわれない「ヒトリマエ集団」がこれからの時代には
　求められる

働き方アップデートの潜在力は?

☐ 成果の上がる場作りが重要だ

☐ 時間は有限の貴重な資産だ

☐ 日常業務の改善を日々行っている

☐ あたらしいツールもどん欲に導入

☐ 将来何をしたいのかを考えている

☐ 労働成果は掛け算で考える

☐ 無駄の削減を積極的に行っている

☐ 数値目標のクリアだけを考えない

☐ 求められるものを客観視している

☐ 課題はいつも自分で発見する

第 3 章

働き方アップデート①
時間創出編

- Time creation -

働き方を大きく変えるための最初の壁となるのが、時間の捻出でしょう。「今以上の仕事なんて無理」と思うのは当然です。しかし、働き方を変化させる最初のステップは、無駄を減らし、効率的に作業をして、自分の時間を生み出すことです。

やる気スイッチが入りやすい状況を作る

集中術①　集中力は
精神論ではなく科学

　テレワークでありがちな悩みが、「仕事とプライベートの切り
替えが難しい」「やる気のエンジンがかからない」「集中力が途切
れてしまう」といったもの。自宅で作業をする場合、つい他のこ
とに気が向いてしまい、集中力が続かないというのは多くの人が
抱える悩みです。こうした集中力問題の解決方法の１つが、やる
気スイッチのオンオフをコントロールするというものです。

　やる気スイッチに関わっているのは、ドーパミンという脳内物
質。ドーパミンは「うれしい」「楽しい」といったポジティブな
感情を司る神経伝達物質です。このドーパミンが分泌されると、
前向きな行動を起こす原動力にもなるため「やる気ホルモン」と
も呼ばれています。つまり、「やる気になる（集中力が続く）」か
どうかは、精神論ではなく科学の話になります。このドーパミン
が出る状態を作り出せば、やる気スイッチを入れることができる
のです。
　ドーパミンを分泌させるコツは、計画を立てることです。「子
どものころに夏休みの宿題の計画を立てただけなのに、やる気が

出た」という経験はありませんでしたか？ 実は計画を立てることによって達成イメージが明確になり、そうすると脳内でドーパミンが分泌されるのです。これを利用すれば、1日の始めにその日の仕事の計画を立てることでドーパミンを出して、やる気スイッチをオンにすることができるようになります。

　また、やる気が出やすい自分なりのシチュエーションを確立させるというのも、やる気スイッチを入れるコツの1つです。一例ですが、「背水の陣ワーク」というやる気を出すためのシチュエーション作りがあります。テレワークに趣味のソロキャンプを取り入れた方法で、誰もいない海辺などで快適に仕事をする際に使える方法です。やり方は簡単で、波打ち際に椅子を置き、海に背を向けて仕事をするだけ。仕事をしていると時間の経過と共に潮が満ちて、徐々に波が足に近づきます。早く作業を終わらせないと海水で足がびしょ濡れになるため、自然と仕事のスピードもアップするというものです。

　もちろん、この背水の陣ワークは万人におすすめできるものではありませんが、この「早く終わらせないと海水で濡れる」という例のように、自分を追い込むシチュエーションを作ることで、脳のやる気スイッチが入りやすくなるというのも事実です。ドーパミンが活発に分泌されるような、自分なりの「○○の陣ワーク」を編み出してをみるのもいいでしょう。

ポイント

- 快感や幸福を司るドーパミンはやる気にも関係している
- ドーパミンを出すことでやる気スイッチが入る
- 計画を立てて達成イメージを明確にするとドーパミンが出る
- 自分なりのやる気スイッチが入りやすい状況を編み出す

最終ゴールに到達するためのコツ

集中術② 小さなゴールを設定してスイッチON

「千里の道も一歩から」という言葉があります。どんな大きなことも手近なことから始めていくことが大事という意味のことわざです。このことわざはやる気スイッチを入れるテクニックに応用できます。と言っても、千里のほうを意識するのではありません。最初の一歩のほうを意識するのです。

やる気スイッチを入れるコツの1つとして、「達成しやすいゴールを作る」というものがあります。簡単に一歩程度で達成できる小ゴールを作ってまずはそれを成功させることでやる気スイッチが入り、その勢いに乗る形で目指すべき本当のゴールまで到達することができるのです。

小ゴールはどんなものでも構いません。机の上の掃除でもいいですし、名称未設定のファイルにファイル名をつけて保存するというものでもいいでしょう。大事なのは小ゴールを達成することでやる気スイッチを入れて、そのまま仕事に没入するということなのです。

先ほどの「千里の道も一歩から」の言葉で考えると、いきなり

千里先のゴールを見ても、何から手をつけていいかわからず、やる気スイッチも入りません。ですが、小ゴールを設定すると、着実にギアを上げて仕事の推進力をアップさせながら作業を進めることができます。

　可能であれば、小ゴールも1つだけでなく、最終ゴールに向けていくつか設定するといいでしょう。そうすると、2つ目の小ゴールを達成、3つ目の小ゴールと、順番に達成することにより、どんどんやる気が積み重なっていき、最終ゴールまでの勢いが強いものになります。

　まずは毎日の仕事の習慣として、ちょっとした小ゴールを設けて、それを達成するということから始めてみましょう。

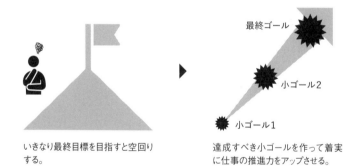

達成しやすい小ゴールを作ろう

最終ゴール

小ゴール2

小ゴール1

いきなり最終目標を目指すと空回りする。

達成すべき小ゴールを作って着実に仕事の推進力をアップさせる。

ポイント

• いきなり最終目標を目指さない

• 達成しやすい小ゴールを作って、まずはそれを突破する

• 小ゴールは達成しやすいものであれば、何でもOK

• 段階的にギアチェンジするために小ゴールを複数設けてもいい

仕事でも有効なやる気スイッチON術

集中術③　試合前の ルーティーンで戦闘力UP

　一流のスポーツ選手が大事な場面を前にして決まった動作を行う「ルーティーン」が以前に注目されました。儀式のような特徴的な動作で緊張をほぐすというものです。

　実はこのルーティーンとは、大げさなポーズを取ったりする必要はありません。本人にとって落ち着けるようであれば、周囲の注目を集めるような「奇抜な」動作でなくてもいいのです。

　ルーティーンの仕組みは、緊張して体がこわばったり、思考の幅が狭まるというような「普段とは異なる心や体の状態」を、いつも通りの動作を行うことで「いつも通り」にするというものです。

　「力み過ぎて失敗をした」という経験は誰にでもあるでしょう。いつも通りというのは、心身のパフォーマンスを最大限発揮するためには非常に大切なことなのは、言うまでもありません。

　しかし、人は焦っていたり緊張をしたりしていると、いつも通りに行動することができません。そのために、あえていつも通りの動作を行って脳に「いつも通りだ」という認識をさせ、心身の緊張をほぐさせます。つまり、脳をだまして緊張を解くのです。

　このルーティーンは、日常のなかで誰もが無意識に行っています。朝、目覚めて伸びをする癖や、毎朝コーヒーを飲む習慣など、自分自身にスイッチを入れる行動をしていないでしょうか？　これらも立派なルーティーン。つまり、ルーティーンは一流のスポーツ選手でなくても、簡単にできるものです。

　では、普通の人にとってスポーツ選手の「試合」にあたるものは何でしょうか？　それはもちろん仕事ですが、仕事＝試合と意識しているかいないかでは大きな差が出てきます。普段の仕事を「何となく」始めていないでしょうか？　通勤や寝起きから頭の切り替えができていない状態は、いわば準備中の段階。本調子ではないため、その時間の仕事は効率的であるとはいえません。

　仕事に集中するためには、メガネを変えたり、袖まくりをしたり、伸びをするなど、自分なりのルーティーンを行うのが効果的です。それを朝一番の習慣にしたり、集中が切れたと感じたときに行うといいでしょう。

　気をつけなくてはいけないのは、ルーティーンは「やる気」のスイッチであることを意識すること。その意識がないままルーティーンを行っても、それは日常の動作の１つでしかありません。ルーティーンはやる気スイッチをONにするための動作であり、心身が最高のパフォーマンスをするためのものということを忘れないようにしましょう。

ポイント

- ルーティーンはやる気スイッチONのための動作のこと
- ルーティーンは奇抜な動作でなくても構わない
- ルーティーンによって「最高のパフォーマンスを生む普段通りの状態」にすることができる

集中術④　集中を 続けられる場所を選ぶ

　人が何かに集中している状態というのは、意識を向け続けているとも状態とも言い換えられます。しかし、周囲で何が起きても気を取られずに一か所に意識を向け続けるというのは、なかなかできることではありません。

　そのため、集中力を持続するためには、気を取られる要素が周りにない環境に身を置くことが一番と考えがちです。しかし、一人で集中できるとは限らず、人によって異なります。コロナ禍で自宅作業をしていて、集中できないと悩んでいた人が多いことからも明らかでしょう。

　人が集中できる環境は様々です。「一人だけの空間がいい」という人もいれば「カフェなどのような、自分と無関係の騒音がある場所がいい」「同僚がいる職場がいい」という人もいます。

　一人だけの空間を好む人は、周囲の音や会話などが気になってしまうタイプでしょう。コロナ禍でリモートワークが広まった際に、自分がこのタイプだったと気づいた人も多いでしょう。

　「静かな職場だけどそれでも自宅がいい」という人もいます。

これは、人の視野は意外に広く左右含めて180度もあり、そのうち意識を集中していない周辺視野で起きている動きを察知して「気になってしまう」ことが原因でしょう。

　カフェのように多くの人がいて、雑多な音があふれている空間でも集中できるという人は、周辺の雑音や動きなどを「自分とは無関係なもの」と認識しているタイプです。

　一人きりのほうが集中できるように思いがちですが、人は社会的な生き物であり、本能的に孤立することを恐れます。そのため、「自分に危害を加える可能性がない人がいる場所にいる」という安心感を抱ける場所のほうが集中できるのです。

　ひとりでも、関係ない人たちに囲まれているわけでなく、昔ながらの同僚と一緒の職場が落ち着く、という人もいます。このタイプは「集団に属している安心感」と「周辺視野で同僚が同じように働いているのを確認して安心する」という心理がミックスしていると考えられます。

　集中力を保つために最適な場所が人それぞれなのは、このように周囲の環境をどう感じるかが人により異なるからです。つまり、集中できる場所探しでまずやることは、自分がどのタイプなのかを理解すること。そのうえで場所を選ぶとよいでしょう。

ポイント

- 「集中」とは意識を一点に向けている状態のことを指す
- ひとりでいると集中力が持続するとは限らない
- 集中できるかどうかは周囲の環境をどう感じるかによって異なる
- 環境の感じ方のタイプを知ることで自分に合う場所が見つかる

集中力の持続時間をアップ!

集中術⑤　疲れない姿勢を保つのもコツ

集中力を保つための環境は人それぞれで違うということは法則025で説明しましたが、自分にとって集中できる環境であっても、集中力が落ちてしまうことがあります。

それが「姿勢」の問題です。どんなに周囲の環境が良くても、体の疲れとは関係ありません。座り心地のいい椅子であっても、ずっと座って作業を続けていると疲れてきます。体が疲れてしまうと、人の集中力は落ちてしまうのです。

それを防ぐために大切なのが姿勢です。

長時間同じ姿勢だと疲れるのは当然ですが、特に悪いのが「猫背」です。背中を丸めて肩をすくめる猫背の体勢は、人の体の構造から見ても決して自然な姿ではありません。猫背は血行を悪くして体を硬直させ肩こりなどの原因になり、意識していなくても体にダメージを蓄積していきます。

脳は体から「ダメージが蓄積している」という信号を受け取ると、体を動かして血行をよくする行動を促すために肩の張りを感じさせるなどして、集中力を切ろうとするのです。

　長時間の作業ではどうしても血流が悪くなりますが、こういった脳の行動を遅らせる、つまり集中力を長続きさせるためには、猫背をやめるのが一番です。

　しかし、モニタありきのデスクトップパソコンと違い、ノートパソコンはモニタの位置が低いため、どうしても視線が下に向きがちです。また、最近のノートパソコンは小型化が進んでいるため、モニタをよく見ようと前かがみ＝猫背になることも多いでしょう。

　これを防ぎ、背筋を伸ばした体勢にする方法としては、ノートパソコンを置く場所を工夫するという手があります。やり方は簡単で、パソコンスタンドを使うこと。モニタの画面が背筋を伸ばして座ったときに目線の高さと同じになるようにするだけです。

　背筋が伸びた状態でモニタ画面と目線の高さをあわせる他の方法としては、椅子の高さを変えるという方法もあります。パソコンスタンドがいわば机の高さを変えるという方法であることに対し、椅子の高さを変えるだけなので手軽な方法と言えます。

　このとき、視線を下げるために椅子の高さを下げるのではなく、椅子に浅く腰かけて視線を落とすのはNGです。そもそもの目的は背筋を伸ばした正しい体勢にすること。椅子に浅く腰かける体勢ではかえって猫背になってしまいます。

　「たかが姿勢」「たかが座り方」と思わず一度試してみましょう。集中力の持続時間が変わることに気付くはずです。

ポイント

- 脳は、猫背によって体がダメージを受けると解消させようとして集中力を乱す
- 背筋を伸ばした体勢で座るのが疲れを軽減するコツ
- ノートパソコンはスタンド利用や椅子の高さ調整で対応する

集中術⑥　おやつで 集中力の源を補充する

　昭和世代にはなじみ深い「3時のおやつ」という言葉があります。「朝食9時、昼食12時、夕食18時の3食だと昼食と夕食の間が6時間と長いためお腹が空く」ということで、おやつを食べる習慣が一般化したものです。

　現代ではそんな理屈抜きに、おやつは何時であっても食べるようになっていますが、実は昼と夜の食事の間に間食をするというのは医学的にも間違えた話ではないのです。

　よく言われるのは「脳のエネルギー補給」です。脳は働き続けるとエネルギーを消費しますが、疲れてくると働きは低下し、エネルギーを補給しなくては十分に働くことができなくなります。そのため、おやつでエネルギーチャージをするということです。

　脳のエネルギーの源はグルコース（ブドウ糖）です。グルコースは糖質の一種ですが、脳は体の他の部分とは違ってグルコース以外は受けつけません。そのグルコースの主な原料はデンプンとスクロース（砂糖）で、おやつとして広まったお菓子には砂糖が多く含まれています。しかも、スクロースは体に吸収されやすい

性質を持っているため、小腸にまで到着するとすぐにエネルギーになるため、「脳が働きすぎて集中力が下がってきたら甘いもの」というのは間違っていないのです。

　最近ではおやつ、特に砂糖が多いものは体によくないと敬遠されることが多いですが、そんなときにオススメなのがナッツ類などの植物性たんぱく質です。これらはドーパミンやノルアドレナリンという脳内ホルモンの材料が含まれています。これらの脳内ホルモンが集中力を高めてくれるのです。

　ほかにも、ナッツ類は硬く、しっかり噛むため血流が活発になり、脳にもたくさんの血液が届くため脳の働きを良くするといわれています。また、ナッツ類は腹持ちがいいのに甘いお菓子よりもカロリーが低いため、肥満を気にする人にうれしいおやつなのです。

　作業をしていて「お腹が空いたな」と思うのは集中力が切れている証拠です。甘いお菓子もナッツも、食べてすぐにエネルギーになるわけではありません。そのため、エネルギー不足を感じる前に補給しておくのが、集中力を切らさないコツでもあります。そう考えると「３時のおやつ」という習慣は理にかなっているともいえます。食べようと思ったときにすぐ食べられるように、事前に手元に準備しておくのもいいでしょう。

■ ポイント

- 「３時のおやつ」は医学的にも説得力のある習慣
- 脳のエネルギー補給にはスクロース（砂糖）が有効
- 集中力を維持するための脳内ホルモンを作るにはナッツ類が最適
- エネルギー切れを起こす前に補給しておくのが集中力持続のコツ

集中し続けるのもよくない

集中術⑦　瞑想休憩で
スイッチをOFFする

　自分の業務の効率化のためには、集中力を維持することは大切
です。そのために必要なのは、ONしたやる気スイッチをしっか
りOFFにするというメリハリです。

　一見矛盾しているようですが、集中し続けるためにはしっかり
と休息をとらなくてはいけません。ずっとやる気スイッチをON
にしたままでは心身ともに疲れ、脳が強制的にOFFしてしまう
からです。必要なときにONにできないのでは意味がありません。

　スイッチONの状態というのは、交感神経が優位になっている
状態です。人の自律神経には交感神経と副交感神経があり、活動
的なときは交感神経が優位に、スイッチOFFのときには副交感
神経が優位になっています。

　スイッチOFFの状態とは睡眠時や休んでいるときです。しか
し現代は、休んでいるつもりでも完全にスイッチOFFになって
いないことも多くあります。スマホをいじったり、アニメや映画、
音楽などの趣味に興じたりするのは、ストレス解消や気晴らしに
はなっても脳を休めているとはいえません。かえって交感神経を

刺激してしまう場合があります。

　副交感神経を優位にする一番簡単な方法は睡眠をとることです。しかし、交感神経が優位な状態がずっと続いているとうまく寝つけないということもあります。そんなときには意識的に交感神経優位から副交感神経優位へと切り替えをしなくてはいけません。

　よく紹介されている副交感神経を優位にするための方法には、以下のようなものがあります。

・朝、目が覚めたら陽の光を浴びる
・3食をしっかりとる
・ストレッチや軽い運動をする
・寝る前のスマホやパソコンを控える
・好きな音楽をかけてリラックスする時間を作る

　副交感神経を優位にする方法でオススメなのが「瞑想」です。楽な態勢でゆっくりと深呼吸をして、自分の呼吸や体の感覚に意識を集中させましょう。周囲に人がいない場所のほうが落ち着いて行えます。座禅のように雑念を消すことを無理に目指す必要はありません。考えごとが浮かんだとしてもOKです。

　瞑想は意識的にスイッチOFFにする方法の1つですが、いつでも自分で切り替える方法を知っておけば、やる気スイッチのON・OFFをコントロールできるようになります。

■ ポイント

• スイッチONのときは交感神経が、OFFのときには副交感神経が優位になっている
• 副交感神経を優位にする方法でオススメは瞑想
• スイッチのOFF方法を知ることでON・OFFをコントロールできる

資料術①
いきなりパワポを開かない

　会議のための資料やプレゼンのための資料作りというと、多くのビジネスパーソンは「PowerPoint（パワポ）で作るもの」と思うでしょう。確かに、パワポは資料作りのアプリケーションとして多くの人に親しまれています。しかし、資料作りのためにいきなりパワポを開くのは非効率になる場合があります。それは、何も素材がないときです。

　A4サイズが標準のWordとは違い、パワポはスライドを無限に増やすことができますが、ゴールを決めずにスタートするとダラダラと長い資料になってしまう危険があります。資料作りの書籍などには「プレゼン用なら10枚程度」などの目安がありますが、大事なのは「何を伝えるための資料なのか」です。まず必要なのは、どうやって伝えるかのストーリーを考えることです。

　パワポ資料のストーリーとは、表紙という導入シーンから最後の結論まで、どんな流れで説明をしていくかという道筋です。壇上でスピーチをするときの原稿だと考えるとわかりやすいでしょう。「このシーンではこのエピソードを話す」など、段階を追って話をするのと同じ考え方です。段階を追って話すのは、相手が

理解しやすいようにするためです。例えば、クライアントからの難しい注文への対応のために上司に承諾を得るときは、いつ、だれが、何を、どうした（どんな希望を出した）など、わかりやすい説明の順番を考えてから話すでしょう。同じように、パワポの資料作りでは、パワポを開く前に、別のアプリや手書きなどで説明の流れをまとめることが必要なのです。

　きれいなパワポ資料の作り方、見やすいパワポのスライドデザインなどは、様々な本などで紹介されていますが、それらを参考にする前にストーリーを作ることを忘れてはいけません。

　「いきなりパワポを開かない」という言葉には、説明ストーリーを先に作る以外の意味もあります。それは「ゼロから作るのではなく、過去の資料をうまく使って時間を節約する」ということです。

　このときの過去の資料には2つの意味があり、1つ目が過去に制作したパワポ資料の意味です。ストーリーが似ているものであれば過去の資料を下敷きにして文章や図、写真を入れ替えていけば作成も早く済みます。複数の過去資料を組み合わせる場合でも、ゼロから作るよりは早く完成するでしょう。2つ目は、過去の資料を見ることで、資料を使った説明の場面での失敗や改善点などを思い出して資料をアップグレードできるためです。プレゼンが上手な人の資料や説明ストーリーなどを参考にするのもオススメです。

ポイント
- いきなりパワポを開かないには2つの意味がある
- 1つ目は説明ストーリーを先に作って時間を無駄にしないため
- 2つ目は過去の資料を利用して作成時間を短くするため
- 過去の資料は失敗の回避や資料のアップグレードにも役立つ

資料術②　シナリオシートで全体像を明確化

　会議の参加者に配る資料ができても、それだけで会議がうまく進むことはありません。同じ資料であっても、参加者が同じように理解できるとは限らないからです。

　資料を作成し、当日会議を進行するのはファシリテーター（進行役）です。場合によっては、資料を作成した人が進行役を務めることもあります。このとき資料以外に必要になるのが、シナリオシートです。

　シナリオシートとは、事前に参加者に配られる1枚のメモで収まるアジェンダや打合せ内容の要約とは違い、会議の流れなどを記載した予定表のようなもの。アジェンダと異なるのは、時間や議題だけでなく、それぞれの議題で費やす時間配分なども事前に想定しておく点です。ファシリテーターは、資料の作成者が別のときには事前に資料や議題の内容について事前の打ち合わせをして、シナリオシートを作成します。もちろん、会議はシナリオ通りに進むとは限りません。そのため想定外のときのことも考えておく必要があります。

　通常の会議なら各議題に何分かかるか程度を記入するだけで構いませんが、議論が白熱しそうな場合には、その議題の時間をさらに細かく設定したものを用意しましょう。

　例えば、賛成派と反対派が拮抗している議題を話し合う会議なら、発表する時間、反対派の意見を述べる時間、それに対する反対意見を述べる時間、最後に多数決を採る時間、といった具合に細かい攻守交替の予定を事前に想定しておきましょう。

　このときは、シナリオシートに意見を求める相手を事前に記載し、シナリオに従ってファシリテーターが発言者を指名します。指名する相手は、その議題について発言が予想される反対派の参加者とそれに対して発言する賛成派というように、事前に対立関係が予想される場合にはお膳立てしましょう。

　その際は「それぞれの発言は１回ずつです」など、議論が泥沼化しないように釘を刺しておくとよいでしょう。

　基本的にシナリオシートを参加者に見せる必要はありませんが、議論が白熱する可能性が事前にわかっている場合は、両陣営の発言予定者に事前に説明をして、発言を準備してもらうといった根回しもしておきます。「突然指名されても思ったように話せなかった」「議論を続けたかったのに打ち切られた」と不満が残らないようにするためです。

ポイント

- 予想される会議の流れを記載したのが「シナリオシート」
- 議論の白熱が予想される場合は細かな想定をしておく
- 発言者を事前に決めておくことで混乱を避ける
- 事前に指名を決めた発言者には根回しをしておく

資料術③　相手を説得する
シナリオ例に学ぶ

　プレゼンや会議で提案をするときに大事なのは「相手を説得する」という最終目標を達成することです。

　人に説明するときにはわかりやすい流れ、つまり「型」がありますが、人を説得するときにも適した「型」があります。その1つが次のHAVOCRという流れです。

・H（Horror）：ホラーストーリーで現状のままの危機感を伝える
・A（Aim）：狙い（エイム）を解説する
・V（Vison）：目指す状態を定義する
・O（Option）：選択肢を提案する
・C（Choice）：選択基準を提示して選択する
・R（Reality）：具体的な計画を示す

　この流れで相手の承認を得て、実行に移すのです。具体的には、例えば新規事業提案の説得は次のようになります。
H：現在のままの事業は今後先細りして倒産の危険がある
A：倒産を回避して企業を存続させる
V：現在の基幹事業を別の事業へと置き換える

O：基幹事業を改変する、新規事業を開拓する、何もしない

C：3年後の収益が現行の収益と同等であることを基準としたとき新規事業を行う選択以外はありえない

R：基幹事業の先細りの原因となった隣接業種の事業（新規事業）を開拓する。基幹事業の衰退予測から得た隣接業種の顧客層をターゲットに新規サービスを提供してシェアを獲得する

　まずは「ホラーストーリー」として会社の業績悪化から導かれる最悪のストーリーを提示し、危機感を共有します。続けて「提案の狙い」として会社の存続を提示。「提案で目指す状態」は現在の事業から新たな事業に基幹事業が移行して企業存続が実現していることと設定します。選択肢には現状維持の「何もしない」、現状からの改革としての「基幹事業の改変」、基幹事業自体の入れ替えである「新規事業の開拓」を用意し、選択基準を「3年後の収益」と設定することで実現可能な可能性を持つ「新規事業の開拓」を採用する結論を誘導。具体的な計画は、成功の可能性を感じさせるように綿密に立てられた事業計画を提示します。

　コツとして覚えておくべきは、ホラーストーリーを冒頭に配置することで課題感を共有することです。最初に危機感を共有することで課題解決の意思を共有することができます。

ポイント

- 人を説得するときには適した説得を成功させるための「型」がある
- 説得のための型の1つに「HAVOCR（Horror・Aim・Vison・Option・Choice・Reality）」がある
- ホラーストーリーを冒頭に配置することで課題感を共有する

資料術④　資料部品庫を作っておくと便利

　法則030で過去の資料をアレンジして使うことに触れましたが、それを突き詰めたのが「資料の部品化」です。イメージとしては、書式が決まっていて再利用できる定例報告会議などが挙げられます。しかし、フォーマットが決まっている書類とは異なり、提案は案件ごとに仕様が変わってくるため、その都度パワーポイントなどで作ることも多いでしょう。こういった手間を省くのが「資料の部品化」です。

　パワーポイントで手間をかけて作った図表やグラフ、図解などは、一度しか使わないのはもったないと思うでしょう。数値や順番を変えたり、追加したりするだけで、ゼロから色を変えたり、作るよりはるかに短い時間で完成します。

　このように、ページの中の一部分をパーツとしてまとめておくのが「パーツの部品化」です。こういった図表やグラフなどは、次回も使えるように 1つのファイルにまとめるなど、整理しておくのがオススメです。この方法は、表紙やスライドのベースデザインといったものにも有効です。時間をかけて作ったお気に入

りの表紙や、評判のよかったベースデザインなど、スライドの好きなページを1ファイルに集め、「ページの部品化」を行いましょう。また、プレゼンでよく使うイメージ写真もまとめておくと便利です。フリー素材をいちいちインターネットで探してダウンロードするのは、面倒で時間がかかる作業だからです。

このように、「後で使うかもしれない」という資料の部品をコツコツと溜めておくと、後になって「どこに行ったかな？」と探し回るよりずっとラクです。こうして溜めておいた部品、パワーポイントで作った「パーツ」「ページ」「写真」は、以前と違う組み合わせにするだけで、まったく別の会議資料として生まれ変わります。

資料の部品は種類別にまとめる

部品		
パーツ	**ページ**	**写真**
図表 グラフ 図版	表紙 ベースデザイン	イメージ写真 説明写真

ポイント

- プレゼンの資料は部位にわけて再利用する
- 図表やグラフはパーツとしてまとめて保管する
- 表紙やスライドデザインはページごと保管する
- 写真は検索やダウンロードの手間を考え保管しておく

資料術⑤　読めばわかる ではなく見ればわかる資料

　プレゼン資料はどうやって作るとよいのでしょうか？　世の中にはプレゼン資料の作り方の本が数多く出ていますが、きれいなデザインでなければいけないというルールはありません。「見てわかる資料」であれば構わないのです。

　パワーポイントでプレゼン資料を作る際に一番注意したいのは、ゴテゴテとしたデザインにしないこと。「デザイン」の中から様々なパターンを選ぶことができますが、無駄にカラフルだったり、柄が派手なものもあります。そういうベースデザインだと肝心の内容がパッと伝わらなくなるので使うのはやめましょう。

　次に注意したいのが、色の使い過ぎです。パワーポイントはカラー写真も使え、文字や図形なども色を付けることができます。「ここを目立たせたい」「強調したい」というときに色文字を使うと、他の場所にも別の色文字を使いたくなります。すると、たくさんの色があふれて見づらくなるうえ、文字の色の違いが何を意味しているのか相手に考えさせるためNGです。

　文字に使うのは「黒」と「もう1〜2色」、枠や線などに使う

のは「グレー」と文字で使っている色ぐらいに抑えたほうが見やすくなります。

　次に注意したいのが、図形の形です。パワーポイントにはシンプルな四角や三角、丸、台形などのほか、星形や多角形、矢印や吹き出しなど多彩な図形があります。しかし、これも色と同様にたくさんの種類があると見づらくなり、内容が伝わらなくなります。使うのは四角や角が丸まった四角、丸と、シンプルな矢印ぐらいに抑えましょう。矢印の代わりに横向きの三角を使うこともあります。

　写真についての注意点はほかの注意点とは逆で、やりすぎよりも細かくしすぎないことが大切です。写真はほかよりも数倍強いアイキャッチなので、パッと目に入るように大きく、1枚で使ったほうが目立ちます。

　最後の注意点は、プレゼン資料はワードのように文章を読ませる細かいレイアウトにせず、短い文章か、目に留まる大きな文字でキャッチコピーを入れるのがセオリー。ワードは文章を読ませるためのものなので、文章が長くても抵抗なく受け入れてもらえますが、パワーポイントはビジュアルを見せるものなので、長い文章が書かれていても、視界に入ってこないためです。

　プレゼン資料をパワーポイントで作るときは、シンプルなデザイン、色、形で、写真と文字を大きくするとよいでしょう。

ポイント

- プレゼン資料は派手である必要はない
- 色・形・図の形はシンプルにしたほうがよい
- 写真は逆に大きく1点使いのほうが目立つ
- 細かい文字をたくさん入れるより、キャッチコピーを大きく

資料術⑥
削りの美学（KISSの法則）

　資料作りのコツの１つとして挙げられるものに「削りの美学」というものがあります。これは正式名ではなく「KISSの法則」というものをわかりやすく言いかえたものです。

　KISSの法則とは、KISSの原則とも言われるもので、元々はアメリカの飛行機会社の技術者の「Keep it simple stupid.（シンプルで愚鈍にする）」という言葉が由来。1960年代の米国海軍でも使われた言葉で「愚直なまでにシンプルさにこだわれ」という考え方です。人はしばしば「物事をうまくやろう、良くしよう」として複雑な仕組み、やり方を選びがちですが、複雑にすること自体がリスクとなったり、価値を損なったりする原因となります。それを避けるために、余計なものを削るのです。

　資料における余計なもの＝削れるものとは何を指すでしょか。それは、パッと理解することを妨げるものです。

　人は物を見るとき、大きさや色、形などの情報を一瞬で捉え、脳がその情報を認知して理解します。しかし、情報が多すぎると一瞬ですべてを理解することができません。すると、脳は余計な

エネルギーを使わないように、考えることをやめようとします。つまり、考えることを放棄してしまうのです。

　脳にとって「余計な情報」とは、同一性がないもの、つまり認知のために手間がかかるものです。

　図形の種類が細かく異なっていたり、微妙な色の違いなどは脳にとってストレスとなります。丸や四角などの図形は視認性を高める効果がありますが、楕円やサイズ違いの四角など種類が多いと逆効果です。色も同様で、多すぎる色は脳に負担をかけるため、使うのは3色ぐらいに留めておくほうがよいでしょう。「形も色もシンプルに」が脳にとって一番受け入れやすいのです。

　シンプルでわかりやすい資料のためには、文章にも気をつけなくてはいけません。最近の脳科学でも「文章は短いほど脳は認知しやすい」と言われています。広告のキャッチコピーや、雑誌・本の小見出しが文章より短いのは、パッと理解してもらうためです。

　資料作りでいえば、文章で説明するよりも、要点は次のように箇条書きのほうが圧倒的にわかりやすくなります。

・脳は複雑な図形を嫌う
・脳は色が多すぎても見にくいと判断する
・文章は短いほど理解しやすく、箇条書きのほうが見やすい

　資料作りの際には、この「脳に嫌われる要素をなるべく削る」という観点を持つことも大事になります。

ポイント

• 余計な情報が多いと脳が認知をやめようとする
• 削りの美学で余計なものを省くと読みやすさがアップする
• 資料の文字や図の大きさ・形・色はバラバラにせず統一する
• 長い文章は避け、箇条書きなど短い文章で説明する

詰め込み過ぎはかえって見にくい

資料術⑦　隙間の美学（脳の理解を助ける）

　資料作りのコツには「削りの美学」以外にも「隙間の美学」とでも呼ぶものがあります。これも脳科学的な意味を持つ方法で、いわば「脳の理解を助ける」という考え方です。

　脳は人と同じように、基本的には「できるだけ働きたくない」と考える怠け者です。慣れ親しんだことを行うほうが余計なエネルギーを使わずに済んでラク、というのは人と同じで、「理解する」ための労力はなるべく減らすように働きます。これを資料に当てはめると、法則033のように見ればわかる資料や、法則034のようにシンプルな資料を好むというのも理解できます。

　しかし、「見てわかる、シンプルな資料」であったとしても脳が嫌う資料があります。それが研究レポートなどに多く見られるような「隙間がない、びっしりと詰め込まれた資料」です。

　隙間がない資料に圧迫感を感じることはないでしょうか。これは、脳が「情報が多すぎる」と感じている証拠です。圧迫感を感じている時点で、すでに脳は「働きたくない」と感じています。つまり、「理解をしよう」という準備ができていないのです。そ

の状態では、資料の内容も頭に入っていきません。

　脳が拒否反応を示してしまう「びっしりと詰まった資料」を避けるためには「隙間」を意識することが大切です。隙間があることで閉塞感がなくなり、行の隙間があることで読みやすさも増します。

　また、小見出しや図形、図表などを入れる際にも、文章との隙間を意識して、近くなりすぎないように気を付けましょう。箇条書きの文章のほうが長文より理解しやすいのは、自然にできる隙間も関係しているのです。この「隙間の美学」という基準を持っていれば、特にワードで作る資料などで大井「圧迫感を感じる資料」とはならないでしょう。

　隙間の美学の応用として覚えておきたいのが、ページの端からのアキを用意しておくこと。1ページだけなら周りを囲ったデザインでも気にならないかもしれませんが、複数ページの場合、周りを囲ったページだと窮屈なイメージを持たれることがあるからです。また、パワポの背景デザインを選ぶ際にも「隙間の美学」を意識しておくことは大切です。「何となく空きスペースを埋める」のではなく、「あえて空きスペースを作る」という考え方で選ぶといいでしょう。

　資料を作るときのポイントである「わかりやすさ」には、このように「脳の理解を助ける」という考え方も含まれているのです。

ポイント

- 脳は「できるだけ働きたくない」と考える怠け者
- 「びっしりと詰まった資料」を脳は好まない
- 圧迫感を感じるのは脳が理解する準備ができていないサイン
- 隙間があると脳が理解しやすくなる

参加者に事前に渡すことが重要

会議術① 事前準備が8割 （アジェンダ設計）

　会議の詳細やテーマなどの要点をリスト化して書き出したものを「アジェンダ」と言います。アジェンダを事前に参加者に共有することで目的や全体の流れを明確に伝えられ、目的やゴールを明確にすることができ、進行をスムーズにするなど、会議のアップデートにつながります。

　アジェンダとよく間違えられるのが「レジュメ」ですが、レジュメはアジェンダよりも具体的に文章で記載されたもので、ファシリテーター（進行役）が論理的に話せるようにまとめたもの。レジュメは会議の参加者には通知されません。

　アジェンダに必ず盛り込むべき基本項目は、以下の7点です。

1.会議名———何についての会議かを明記

2.開催日時——日時、曜日、時間を明記

3.開催場所——会議室など、場所を明記

4.予定参加者—参加者名（他部署から参加の場合は部署名も）

5.開催目的——会議のゴールを簡潔に明記

6.議題内容（予定時間）——複数議題がある場合は明記

7.配布資料——資料名を使用する順に明記

　要点をまとめることが目的なので、内容は簡潔にしましょう。

　アジェンダを上手に活用すれば、うまく進まない会議の問題を解消することにつながります。

　例えば、「時間内に終わらない」ことが続く場合、所要時間の目安をアジェンダに追加で記載しておくとスムーズに進行できます。タイムキーパー役を設けて、アジェンダ通りの時間管理をお願いしておくのもいいでしょう。

　さらに会議の課題としてよくあるのが「参加者が誰も意見を述べない」問題。この場合は、アジェンダにアイスブレイクの時間を設定しておくのが効果的です。最近のうれしいトピックなどを数分話すだけで場の雰囲気が和み、発言しやすくなります。

　また、「結論が出ず、次のアクションが決まらない」というのも、アジェンダを作成する際に「結論をまとめる」や「次のアクションをチェックする」といったレビュー項目を追加することで、最後まで結論を出すことにつながります。

　加えて、アジェンダ作成は決定事項の進捗にもコミットするファシリテーターが行うのが望ましいでしょう。アジェンダを作成する上で「誰にでも理解できるように書く」という点をする必要があります。イメージは「小学生が見てもすぐ理解できる内容」を心がけると、わかりやすいアジェンダにつながります。

ポイント

- 要点をリスト化して書き出したものを「アジェンダ」
- 進行役が論理的に話せるようにまとめたものが「レジュメ」
- 「時間内に終わらない」場合、目安時間をアジェンダに記載しておく
- 「誰も意見を述べない」場合、アイスブレイクの時間を設定しておく

ただの集まりから建設的な話し合いの場に

会議術②
MeetingからMeatingへ

　意見がまとまらず、結果の出ない旧来の会議は、「長い」「苦痛」といった不満が募るばかりでしょう。そんな会議をMeeting（集合する）ではなくMeating（肉付け合いをする）に変えると会議も楽しく、前向きなものになります。

　最初に行うのは、会議の目的自体を「報告」ではなく「相談・議論」に変えること。大量の資料を用意して読み上げるだけの報告書を作成し、経営陣などからの質問・指導を受ける会議ではなく、報告は事前に資料で共有し、当日は問題解決の方法や提案を参加者が議論する場にするというものです。

　参加者にとっては「事前準備の手間が省ける」「黙っているだけの無駄な時間が減る」「参加している意味が生まれる」というメリットがあります。参加者の意識が変われば、問題解決と新しいアイデアを実行に移すための効率的で生産的な会議へとアップデートできます。

　目的が変わり、会議が問題解決のための意見交換の場になった

ときに必要になるのが、正しい「ブレインストーミング（ブレスト）」のやり方です。

　ブレストは、あるテーマに対して複数人が自由に考えを述べていく会議手法のこと。つまり、複数人でアイデアを出して、解決のアイデアに肉付けしていくのです。このブレスト会議を行うときは、次の3つの原則を守る必要があります。

・他人のアイデアを否定しない、どんな意見も受け入れる

・質より量を求める

・意見を組み合わせてまとめる

　パッと浮かんだ思いつきや他の人と違う意見も批判や否定は避けましょう。「これは使えないな」と思う奇抜なアイデアも意外な組み合わせ・新しい発見になる可能性が高いからです。

　また、アイデアを吟味するのは後回しにして、色々なタイプのアイデアをとにかく数多く並べることが大事です。単純なアイデアでも発想のきっかけになったり、ほかのアイデアとの組み合わせですばらしいアイデアに化ける可能性もあります。

　最後に、集まったアイデアを並べたら、分解・深堀り・改善して組み合わせて結論を導き出しましょう。このブレストのやり方をすれば、ひとりで考えるよりもより精度の高いものに仕上がります。また、ブレスト会議に参加した多くの参加者の意見を盛り込んでいるため、合意を得られやすいでしょう。

ポイント

・「報告」目的の旧来の会議のやり方を変える

・問題点は事前に共有し会議は解決法を話し合う場とする

・正しい「ブレインストーミング（ブレスト）」のやり方を取り入れる

・会議に参加する意識を変え、結論が出る会議に変化させる

課題感を最初に共有することが大事

会議術③　50分で終わる
会議アジェンダ例

法則037でアジェンダ設計の重要性を説明しましたが、では具体的にはどのように作ればいいのでしょうか。ファシリテーターが使うときに参考になる「型」とでも呼ぶべき、例を以下で紹介していきましょう。

1.事前資料の内容を共有

最初の5分は、会議参加者が事前に記入した近況や報告、連絡事項を記したシートを読み込む時間に充てます。もちろん、参加者は事前に読み込んでおくことが望ましいですが、読み込む時間がなかった参加者も、この時間をとることで置き去りにすることが防げます。事前に読み込んだ参加者にとっても、5分程度であれば再確認する時間が無駄とはなりません。

2.情報交換コミュニケーション

次の20分は、質疑応答やアドバイスなど情報交換コミュニケーションです。ファシリテーターが定めた報告者の順に、記入された近況や報告などについての質問や意見を出してもらい、それの

議論を実施。ファシリテーターは意見を集約して、次の検討へと会議を進行していきます。ひとり当たりにかける時間は人数によって変わりますが、意見などがないものに余計な時間をかけずにテンポよく進めることを意識しましょう。

3.次回テーマ選定と前回選定テーマについての議論

　最後に25分、会議の半分の時間を使って行う時間の最初に行うのは、情報交換コミュニケーションで挙がった次回検討するテーマの選定です。挙がった意見やアイデアによって生じる修正のうち、次回確認したほうがいいことを話し合い、次回の会議で確認・議論するテーマを決定します。

　重要なのは、前回選定テーマについての議論です。前回、確認・議論すべきと決まったテーマが「どう変わったのか」「変更内容（方針）でいいのか」などを話し合っていきます。修正した内容で決定していいのか、さらに修正が必要なのか、違う方針を検討すべきなのかなど、前回の議論・アイデア交換をさらに深めていく場です。ここでも持ち越しになったら次回テーマに加えます。

　会議を3つのブロックに分け、その時間ですべきことをアジェンダに記載して実施する、これを繰り返すと参加者もやり方に慣れ、進行がスムーズになっていきます。

ポイント

- 会議は5分・20分・25分の計50分で進むように計画する
- ファシリテーターは議論ごとにまとめを行う
- その場でまとまらない、次回確認のテーマを選定する
- 次回確認となっていたテーマも議論をして内容を深めていく

会議術④　ワク枠会議で アイデア発散を活性化

　法則038のようなアイデアを出すブレスト会議以外にも、定例会議や進捗報告会議等々、さまざまな会議があります。その会議がどんな雰囲気の会議になるかは、ファシリテーター（進行役）の腕次第といえます。

　例えば、「シーンとした会議室で、誰も発言しようとせず、皆が資料を読むふりをして視線を落としている中、発表者の声だけが響きわたる」といった重苦しくて参加したくないような会議と、「発言の順番待ちでソワソワする人もいる中、参加者が発表者のほうを見ながら話を聞き、相づちを打っている」というワクワクする会議であれば、どちらに参加したいと思うでしょうか?

　同じ会議でも、ファシリテーターによって大きく雰囲気は変わります。ファシリテーターとは、アジェンダ通りに会議を進行する役ではなく、会議の目的を果たすための支援を行う役目です。結論が必要な会議であれば、議論を尽くした結果、誰もが納得する結論に到達するためにサポートします。誰からも発言がなく、仕方なく多数決を取るのでは、ファシリテーター失格です。

　重苦しい雰囲気の会議ではなく、活発な議論が行われる会議にするためにファシリテーターがやるべきこととは次の通りです。

　1つ目が「会議の目的を参加者に共有させる」ことです。誰かの発表がいきなり始まっても、目的とゴールがわからなければ、自分が何をすべきかもわからず、発表に集中できません。そのため、開始の際にしっかりと共有します。

　2つ目が、「参加者の意見を引き出す」ことです。ファシリテーターが意見を促さない場では「進行を邪魔してしまう」と参加者は発言しにくくなります。まずは参加者たちをよく観察し、反応があった参加者に意見を促し、発言を優先する姿勢を見せましょう。意見を述べるよう指されるとわかれば、参加者たちも会議に集中するようになります。議論が脱線したり、堂々巡りになって時間の浪費をしていない限り、議論を止めてはいけません。

　3つ目が「議論の受け止め役になる」ことです。誰かが意見を述べたら内容を要約して「〜ということですね」と発言者に確認するなど、意見をきちんと聞いたと伝わるようにすると共に、ほかの発言者に要点を周知することが大事です。

　最後が、「結論をまとめる」ことです。参加者の意見が出揃ったら適切な落としどころを見つけ、参加者たちの了承を得て、合意された結論を提示します。

ポイント

- 会議の目的を参加者に共有させるのが第一の役目
- 意見を引き出すために観察し、参加者に発言を促す
- 誰かの意見を必ず受け止め、参加者にも周知する
- 結論は持ち越さず、会議ごとにまとめる

会議術⑤　ワク枠会議の議論の収束方法

　議論の活発化のためのポイントは「目的の共有」「意見を引き出す」「議論の受け止め役になる」でしたが、議論収束・意思決定のポイントは、以下6点を整理していくことです。

・目指すこと

　これは議題となっていることの目標であり最終ゴールです。議論が脱線したら、ファシリテーターはこのゴールを提示し、議題は結論を出すことが重要であることを改めて共有しましょう。

・選択肢

　アイデアだしや意見、修正案で出てきた「目標を達成するための方法・手段」を選択肢として拾い上げます。1つではなく複数の選択肢とするのは、あらゆる可能性を揃えることが重要だからです。

・選択肢それぞれのメリットとデメリット

　選択肢ごとのメリットとデメリットを提示します。「選択肢」に入れることも憚られるような選択肢を否定するのは、このメリットとデメリットの提示の結果でなくてはいけません。

・重視すべきメリットは何か

このメリットは、目標を達成するという観点から選びます。例えばよくあるのが議論の中で「社会課題の解決が目標であったのに、解決よりも収益性が優先される」など、目標の置き換えが起きること。ファシリテーターはこの置き換えを見逃してはいけません。

・デメリットのうち、工夫で解消できそうなことは何か

工夫で解消できそうなデメリットは、実現できればそれが強みとなる可能性が高いため非常に重要です。「誰もできそうなこと」を実現する工夫は、多様な視点を持つ人が集まった会議で議論した末に生まれることも多くあります。

・最終的にどういうアクションを選択すべきか

選択すべき最終的なアクションというのは、目標の達成のためにどう行動するか、最も適している方法を決定すること。行動指針の決定となるため参加者の承認が必要です。

意見がバラバラな議論を収束するためにファシリテーターが行うのが、まずグループ分けしてまとめ、次に両立できない意見を選択肢として拾い上げて議論を促すことです。これを繰り返していくと選択肢の内容が整理されていき、参加者が最終アクションを決定する助けになります。

ポイント

- 会議が活発になったら結論へ導く枠を使う
- 選択肢は多く出し、メリット・デメリットの検討で絞っていく
- デメリットを解消できる工夫は議論から生まれることも多い
- 最終的なアクションを決めることができれば会議は成功

会議術⑥　議事録ドリブンでその場で議事録完成

　議事録作りでよくあるのが、会議中にメモを取ってその夜に作成、忙しいから明日に…。場合によっては忘れてしまい、一週間後に「議事録は？」と言われて内容も覚えていない…といった失敗談です。この問題を解消するのが「議事録ドリブン」。この方法で、議事録作り作業がレベルアップします。

　ドリブン（driven）とは日本語で「駆動」という意味。議事録ドリブンとは「議事録で会議をスムーズに進める」というもので、「テーマが書かれた議事録の元を用意し、余白を埋めるためにディスカッション、その内容を入力していく」という流れで会議の終了とともに議事録も完成するというやり方です。

　入力するのは書記役ひとりではなく、会議中に議事録をプロジェクタなどで共有してみんなで入力しても構いません。議論のスピードについていけずに抜け漏れすることも防げます。

　議事録ドリブンを進めるには、4つのポイントがあります。

ポイント1：議事録を事前に作成
　議事録ドリブンでは、前日までに議事録の元を作成しておく必

要があります。開催日などの基本的な情報から、テーマ、目次や報告事項、途中まで決まっていることなど、事前にわかっていることを全て書き出しましょう。さらに、出席者全員が議事録に自由に追記できるようにしておきます。これにより書かれる内容が増え、さらに全員が会議の内容を事前に把握するので、当日の進行が非常にスムーズになります。

ポイント２：議事録通りに進行

議事録にある余白を、上から順番に埋めながら会議を進行します。もし書かれていない内容が出てきたら、その場で必ずその議題を追記した上で話し合います。このようにすることで、話が迷走することを防ぐことができます。

ポイント３：決定した内容はその場で記載

議題が確定したら、その場で議事録に記載します。全員が記載内容に異論がなければ、その議題は完了ということになります。この時のポイントは、外部モニターなどを使用し、全員が同じものを見るようにしておくこと。同じ議題に集中させることで、共通理解が深まります。

ポイント４：会議終了＝議事録完成！

全て決定事項で議事録が埋まったら、会議は終了、そして議事録も完成します。さらに全員で確認済みなので、あらためて作る手間も後日確認する必要もありません。

ポイント

- 議事録を事前に作成する
- 議事録通りに進行する
- 決定した内容はその場で記載する
- 会議終了＝議事録完成！

本来の目的から外れたものは削除する

会議術⑦　会議の棚卸で 定例会議をスリムに

　「棚卸」とは元々会計用語で、決算前に在庫の確認をして資産が現状どれくらいあるのか集計する業務のことです。

　ビジネスの世界では、「どの業務でどんなことをしているのか」といったことを洗い出して整理する取り組みのことを指します。この業務の棚卸は、業務の無駄な労力をあぶりだし、効率化を図るためによく行われていますが、定例会議にもこの考え方を当てはめたのが「定例会議の棚卸」です。

　定例会議を棚卸するのは、古い型にはまって時間の無駄になっている定例会議を変化させるためです。現在でも、定例会議の多くがただの報告会になっています。ただの報告であれば、わざわざ集まって参加者の時間を無駄にしたり、読まれない資料を作成して労力と時間を無駄にする必要はありません。メールや共有ドライブなどに報告書を入れておくだけでよいでしょう。

　また、定例会議が固定化、伝統化してくると、参加者の数も増えますが、増えるほど無駄な時間も増えていきます。

　定例会の固定化、伝統化で起きることに資料の量の増加があり

ます。大勢の前で「質問をされたくない」という心理から「質問されない詳細な資料」を用意しようとするためです。作成量が増加して作成者の時間も、参加者の読む時間も増えてしまいます。

　無駄を省いて志事の時間を増やすためにも、定例会議の意義を問う棚卸は非常に有効です。「目的は何か」「目的達成に必要なものは何か」「どれくらいの間隔で行うべきか」「誰が参加すべきなのか」「どのように進めると効率的なのか」という棚卸シートを用意し、それに記入して定例会議の改善に取り組みましょう。

　定例会議は「現状の共有と対応策の協議」が本来の目的ということが多いでしょう。チームごと、部署ごと、経営陣などそれぞれのレイヤーで共有は必要ですが、全部一緒にする必要はありません。また、共有のための資料は大切ですが、必要なのは対応策の協議です。過剰な資料はかえって検討の邪魔になるでしょう。

　また、定例会議という名称に縛られる必要もありません。スタートアップでもなければ、週一、月一など短い期間で協議しなければいけないことは多くはありません。ほかにも協議で全員発言するのでなければ、人数が多くなってもメリットは生まれません。

　棚卸シートで定例会議の目的を洗い出し、本来の目的に不要な要素を削除することで、定例会議のやり方も大きく変わるでしょう。

ポイント

- 不要な要素を洗い出しするために定例会議の「棚卸」を行う
- 棚卸シートではまず、現状の定例会議の目的を問う
- 定例会議の目的は、共有だけでなく協議することも含まれる
- 伝統化した定例会議から不要な要素を省くとスリム化する

コミュ術①
話す前にまず考える

　仕事のやり方、とくにコミュニケーションをアップデートするために活用できるものに、チャット、SNSなどのICTツールがあります。しかし、ただ導入すればいいわけではありません。今までも使われてきたのは、直接の会話やメール、電話などですが、コロナ禍でリモート作業が増えたり、ICTツールの普及によって選択肢も増えました。そのため、話をする前にまず、どの方法が適切なのかを考える必要があります。

連絡ツールの使い分け

メール（重めの連絡）	**会話**
・ある程度長い連絡事項を	・ちょっとしたホウレンソウを
・今、近くにいない	・今、近くにいる
・多くの人に一括して	・特定の人、数名のグループに
・一方的に伝える	・双方向的にやりとりして伝える
電話（急ぎ・複雑なやりとり）	**チャット（立ち話のノリ）**
・今、相談・確認したいことを	・ちょっとしたホウレンソウを
・今、近くにいない	・今、近くにいない
・個人に接続して	・特定の人、数名のグループに
・双方向にやりとりする	・双方向的にやりとりして伝える

　「こういう状況のときに、このツールを使う」というコミュニケーションツールの使い分けのルールが決まっていると、コミュニケーションもスピーディになり、作業も効率化されます。

　例えばメールは「長めの連絡事項を送るとき」、「今近くにいない人に連絡するとき（なおかつ、すぐの返事が要らないとき）」、「複数の人に一括して連絡するとき」、「一方的に連絡事項を伝えるとき」といったシチュエーションに便利です。

　「目の前にいないが今すぐ確認したい」ことであったり、「文章より口で説明したほうが早い」ときは電話が適しています。「今すぐ」ということでなければ、時間を設定してビデオ会話を利用しても構わないでしょう。

　また、「すぐ近くにいてちょっとした報告をする」といった場合はメールや電話ではなく、会話が最適の方法でしょう。このときは、相手の状況（忙しそう、他の人と会話中）に注意して話しかけるようにします。「すぐ近く」に居ない場合には、チャットを利用してもよいでしょう。チャットはグループ機能があり、複数に話しかけられるメリットもあります。

　状況に応じて適切に使い分けないと「相手からの返事が欲しいのにもらえない」「こちらの伝えたいことがきちんと相手に伝わらない」といったトラブルが発生する原因となります。大切なのはルールを共有して、適切に使い分けをすることです。

ポイント

- ツールの適性を知り、ツールを使い分ける
- メールは重めの連絡、電話は急ぎの連絡で使う
- チャットは立ち話の感覚のときに使う
- ツールの使い分けのルールをあらかじめ決めておく

相手が理解しやすい説明の定石を知る

コミュ術② 枠に沿って話す（PREP、5W1H）

　作業を効率化させるためには、自分の仕事のやり方だけを変えても意味がありません。あなたがプロジェクトのリーダーなら明確な指針を持ち、メンバーにどのように行動すべきなのかをわかりやすく伝えなければならないのです。わかりやすい説明には決まった枠組み、つまりパターンがあります。その代表的なものが「PREP」や「5W1H」です。

　PREPとは以下の４つの頭文字をとった説明の枠です。

・Point：要点（結論・主張）
・Reason：結論に至った理由
・Example：理由を説明する例
・Point：２度目の要点（結論・主張）

　PREP法は、最初に「言いたいことは〜だ」と要点（結論・主張）を伝えることからスタート。続けて「なぜなら〜だから」と理由を説明します。そして、「たとえば、この〜のようなデータがあ

るから」と例を交えて理由を補足し、最後に「だから〜だ」と要点（結論・主張）をもう一度伝えるという流れです。

　5W1Hは、「Why（なぜ）」「Who（誰が）」「What（何を）」「When（いつ）」「Where（どこで）」「How（どのように）」のことで、よく知られている説明のパターンです。必要であれば、「いくらの予算で（How much）」を加えた5W2Hとして使うのもよいでしょう。
　プロジェクトの説明であれば次のようになります。

・Why（なぜ）：目的や取り組む課題の根拠などを明確にする
・Who（誰が）：「誰が」「誰に」行うかを明確にする
・What（何を）：商品、サービス、課題、テーマなどを明確にする
・Where（どこで）：実施場所や問題がある場所を明確にする
・How（どのように）：達成方法やプロセスを明確にする
・How Much（いくらで）：関連コストを明確にする

　5W1H（5W2H）はプロジェクトが「何のために、誰が、どんな施策を、どのタイミングで、どこに向けて、どういうやり方で」進むのかがはっきりし、相手にも伝わりやすくなります。
　誰かに説明をするときには、PREPや5W1Hなどの説明のパターンを意識することを忘れないようにしましょう。

ポイント
- 人に説明するときは相手がわかりやすいパターンを使う
- PREP法では「結論・理由・例・結論」の順で説明する
- 5W1Hは「なぜ」「誰が」「何を」「いつ」「どうやって」で説明する。「いくらで」を含む5W2Hにしてもいい

コミュ術③　メール文章は冒頭2行&記書きで端的に

　メールは、コミュニケーションツールとしてビジネスの世界でも長らく活躍しています。しかし、メールは手紙のような決められた書き方がないため、人によって文章の構成などはバラバラ。そのために「読みにくいメール」を作る人は今も多くいます。

　メールの基本は、相手と必要な情報をやりとりすることです。ビジネスメールであれば特に相手への礼儀を欠かないように「お世話になっております」などの定型の切り出し文を入れます。ここまでは多くの人が会社の先輩などから教わりますが、その先は「自分なりに」書いているのではないでしょうか。そこで生じるのが以下のような「読みにくさ」です。

・長文で、何を言いたいのかがパッとわからない
・1行アキなどがなく、区切りがよくわからない
・「〜いただき」の謙譲語が続き、文意をつかみにくい
・改行されていない・改行が多く行が多い

　これらの特徴に共通するのは「相手が見たときの視線や印象を

意識していない」ということです。長文は「日本語の場合、長文になると結論が最後になる＝最後まで読まなくてはいけなくて時間がかかる」ことを配慮していません。

区切りがない文章は「全体が何ブロックになっているのかわからない＝最後まで読まなくてはいけない」というデメリットがあり、謙譲語の連続は「謙譲語の置き換えをしなくてはいけない」という手間を相手に何度も与えることになります。

改行がない文章は長文と区切りがない文章の組み合わせで、デメリットの重複で相手が感じる不快感は倍以上です。逆にスマホのメールのように改行ばかりの文章は、下へのスクロールを強要されるため、これもいい印象を抱くことはありません。

読みやすいメールというのはパッと見て一瞬で概要を把握できるものです。その方法としては以下の流れがオススメです。

・冒頭2行で挨拶や結論・要旨（何をしてほしいか）を明記
・「下記の通り」とつなげて、記以下は箇条書きにする

箇条書きのほうが人は読みやすく、謙譲語も必要ありません。ブロック分けもわかりやすく、項目数もひと目でわかるため概要もつかみやすくなります。シンプルで短いメールのほうが、読みにくくて長いメールよりもずっと印象が良くなります。

ポイント

- メールの書き方は自己流が多く、「読みにくいメール」が多い
- 読みにくいメールで共通するのが、相手が見たときの視線や印象を意識していないこと
- シンプルで短いメールのほうが読みにくくて長いメールよりも好印象

カメラOFFへの無言の意思表示かも?

コミュ術④　オンラインの 会議時短には傾聴が大事

　コロナ禍によるリモートワークの普及は、同時にオンライン会議も普及させました。多くの人、特に上の世代の人々も利用するようになり、ICTツールの普及が進んだという面もあります。しかし、オンライン会議は便利な機能がたくさんある一方で、その機能によって効率化が妨げられるという事例も生み出しました。

　昔のビジネスの世界では、打合せと言えばリアルで会い、対面で話をするのが常識でした。しかし、オンライン会議ではカメラのON・OFFの切り替えができ、顔を見ないまま打合せが進むことも増えました。ここで起きたのが、カメラOFFによるオンライン会議の長時間化です。

　これは、カメラのON・OFFの機能に関する、それぞれの感じ方の温度差によって生じたものです。「顔を見ながらの打合せ」をしてきた人にとっては、カメラをOFFにすることは「失礼なこと」という意識があります。しかし、新たな習慣であるオンライン会議では「ビデオOFFが失礼である」という確信が持てないため主張できず、ストレスを溜めているのです。その反動とし

て話が長くなったり、クドクドと同じことを言ったりしがちになります。

　根底にあるのは相手の話をしっかり聞いている「傾聴」の姿勢が見えないことで不安になる気持ちです。

　人は言葉だけでなく、うなずいたり驚いた表情を見せたり、ボディランゲージでもコミュニケーションをとっています。「顔を合わせて打合せ」とはまさに、言葉とボディランゲージの両方を使ってのコミュニケーションです。そのうち片方がない状態のコミュニケーションでは、話が伝わっているか不安になるのです。この心理を理解できないと、いつまでもオンライン会議はダラダラと長いものになり、それが常態化してしまいます。

　しかし、「カメラをONにすればいいんでしょ」と簡単に考えてはいけません。相手のボディランゲージからも理解度を読み解こうとする人は画面に映る姿をよく見ているからです。例えば、顔の下半分が隠れていたり、後ろを人が通り抜けるといったシチュエーションにいるということにも気が散ってしまいます。

　カメラをONにして、顔がきちんと映るようにしたり、背景をきにするなどして、相手が話したことを聞いている様子やリアクションを示し、傾聴している姿を相手に印象づけること。オンライン会議が長引く場合には、このコミュニケーション円滑化のテクニックを試してみるといいでしょう。

ポイント

- オンライン会議を長引かせる人がいる場合はカメラOFFをやめる
- カメラOFFが「失礼なこと」と感じている人もいる
- 相手の姿が見えないと話が通じているか不安を抱く人がいる
- カメラをONにするだけでなくリアクションで傾聴を示す

コミュ術⑤　プレゼンは
デキる自分を演じる

　人前で話すことに自信がない人は「プレゼンで発表するなんて絶対にできない」と思いがちです。しかし、人と話をするのが苦手、人とのコミュニケーションが苦手、という人であってもプレゼンを上手に行う方法があります。それが「デキる自分を演じる」というものです。プレゼンは自信たっぷりに説得するからこそ相手に安心感を与えることができます。成功率を上げるためにも、「デキる自分」を演じるのはオススメです。

　人との双方向コミュニケーションは、自分だけでなく相手も伝えたいことがあり、相手に会話の主導権を渡した後は、自分の予想通りの展開になるかはわかりません。これがコミュニケーションの難しいところです。

　しかしプレゼンとはそもそも提案であり、提案は伝えたいことが決まっています。「最後までプレゼンターの話を聞く」という前提があるので主導権を相手に渡す必要がなく、自分の予定した通りの流れで話を進めることができます。途中で遮って話に割り込もうとする相手の場合は、「質問や意見は結論まで終わってか

らでお願いします」と最初に釘を刺しておけばよいでしょう。

「普段からうまく話せないし…」と悩む人もいるかもしれません。しかし、「いつもと違う自分を演じる」方法なら、たとえ失敗しても「いつもの自分とは無関係、だって演じていたから」という言い訳ができるので気楽になるでしょう。

　プレゼンは主導権を自分が握れるとはいえ、どこかで相手からの質問に答える場面がやってきます。予想外の質問で素に戻らないように、提案の主旨の中で予想される質問とその答え方も準備しておきましょう。予想外の質問や細かい部分の質問がきたとき用に「切り抜けるための便利なフレーズ」も準備もしておきます。

・予想外の質問への返しのフレーズ例

「なるほど。新たな視点のご指摘ありがとうございます。そちらにつきましては、このプレゼン後に検討したいと思います」

・細かい部分の質問への返しのフレーズ例

「ありがとうございます。そちらについては調査を続けているところです。調査が終わり次第、資料に加えたいと思っています」

　このように、考えてもいなかったことを指摘されても「慌てずに受け入れる、余裕のある人物」を演じるといいでしょう。

ポイント

- プレゼンは会話の主導権を自分が握ることができる
- プレゼンは「デキる自分」を演じる。失敗しても「演技だから」という言い訳があるので気楽にできる
- 予想外の質問への切り替えしフレーズも用意しておく

自分勝手なコミュニケーションはNG

コミュ術⑥　伝わったかを確認するまでが「伝える」

　人に何かを「伝える」というのは非常に難しいことです。それは、伝えるというのは能動的なもので、自分が相手に対してする行動だからです。一方で「伝わる」という言葉もあります。こちらは、自分の行動が原因であってもなくても、相手が受け取ることで成立します。つまり、「伝える」のは自分の行動で、「伝わる」のは相手の行動なのです。

　「伝わる」というのは相手次第です。相手が受け入れる、理解するという二段階を経てやっと相手に「伝わった」となります。自分が「伝える」という行動をしたからといって、相手がそれを受け入れなかったり、理解できなかったら「伝わった」ことにはなりません。日常的によくある話ですが、「自分は伝えたのになぜ！」と相手を非難する人もいます。しかしそれは「自分が伝えたことは理解するべき」という自分勝手な主張でしかありません。

　「伝える」という行動は、相手に伝わっていないと意味がありません。そのためには伝えた側は「伝えた」後に「伝わったか」を確認する必要があります。

　ビジネスの世界では、クライアントや発注先相手相手の電話後にやりとりの内容をメールで確認するといった行動を「エビデンスを残す」と表現します。エビデンスとは「証明」を意味し、「自分が伝えた内容」もしくは「相手から言われて伝わった内容」をメールで残すことで齟齬がないようにするもの。証拠を残すといった意味合いがあります。

　外部とのやりとりでエビデンスを残すのは保険のようなもので、職場でのコミュニケーションでは、そこまでやらないことが多く、そのため伝達ミスなどが発生します。そこで大事になるのが、相手に伝わったか確認することです。

　上司と部下で業務上の指示の場合、上司であれば指示の後に部下に「何をする指示だったか」を答えさせることもできますが、、承認依頼など部下から上司への依頼などの場合、理解しているか不安であっても、なかなか確認するのは難しいものです。

　そういった場面で使えるのが「〜をお願いします」と伝えた後に「いつまでにやっていただけますか？」と続けて質問するという方法です。相手が理解していないと返答できない質問をすることで、相手に伝わったかを確認することができます。

　これは同僚への依頼や会話などでも使える方法です。回答がつながっていれば、伝わったことがわかります。伝える側の責任として、伝わったことを確認する習慣をつけるといいでしょう。

ポイント

- 「伝える」は自分の行動であり「伝わる」かどうかは相手次第
- ビジネスではメールで「エビデンスを残す」ことで、伝わったかどうかを確認することも多い
- 「伝わっていないと回答できない質問」をすると

自分の見た目とのギャップを武器に

コミュ術⑦　短時間で
打ち解ける自己紹介法

　子どもの頃、クラス替え後の自己紹介でおもしろいことを言って教室を沸かせた子が、そのままクラスの人気者になったということはないでしょうか。

　これは、人は意外な話など、自分の知らないことなどを発見したりすると快楽ホルモンであるドーパミンが脳内で作られ、楽しい、うれしいといった感情が芽生えるため。この仕組みは対人関係でも同じで、相手から驚くような話を聞くとドーパミンが放出され、相手に対してプラスの感情を抱くようになります。つまり、自己紹介は相手と仲良くなる絶好のチャンスなのです。

　大人同士でも、自己紹介でおもしろいこと、意外性のあることを伝えると好感度がアップするのは同じです。「お笑い」はセンスに左右されるので難易度も高いですが、意外性のある自己紹介であれば誰にでもできるでしょう。

　一番簡単に意外性をアピールできるのは、見た目とのギャップです。「太っているけれど足がものすごく速い」「インドアな見た目だけどロッククライミングが趣味」など、周囲からのイメージを裏切る特技を挙げると、ギャップが大きいほどウケはよくなり

ます。

　印象をアップさせる自己紹介にはほかに「実は私は」と自己開示をするという方法があります。もちろん、その先は意外性がことや自分の本音などで構いません。

　「実は私は…、恋人と別れたばかりで、リア充爆発しろ！と毎日思っています」「実は私は…、○○というアニメが好きすぎて、年間50万を使って聖地巡りをしています」と、思わず突っ込みたくなるような自己紹介を用意できれば成功といえます。

　相手は「これだけ教えてくれたのだから自分も…」と自分の趣味や本音などを教えてくれるでしょう。相手からもらった分お返しをしたいと思う「返報性の原理」という心理的な働きが起きるからです。そうやって打ち解けることができます。

　もちろん、この方法は自己紹介だけでもなく、普段から使うことができます。あまり話すことのない同僚や上司と打ち解けるため、クライアントや取引先との雑談のときなど、コミュニケーションのテクニックとして覚えておいて損はありません。

　気をつけたいのが、例え本音であっても社会的に問題があることや非合法なことはNGということ。「自分がおもしろいと思っても、相手にとって不快なこと」というのはよくあります。おもしろさを基準にするのではなく、周りから見た自分とのギャップを意識して開示する内容を決めるといいでしょう。

ポイント

- 意外性のある自分を開示すると相手からの好感度が高まる
- 周囲から見た自分とのギャップが大きいほど意外性も高まる
- 自分を開示すると「返報性の原理」で相手も開示してくれる
- 開示する内容は社会的に問題があることなどはNG

時間創出力のポテンシャルは？

- ☐ やる気のスイッチを見つけておく

- ☐ 小目標を設定して進行把握する

- ☐ 資料は再利用できるように保管

- ☐ 会議前に要点と問題点は共有する

- ☐ 会議の要点は事前に伝えておく

- ☐ 結論は会議ごとにまとめる

- ☐ 事前作成した議事録をもとに進行

- ☐ 連絡ツールは用途で使い分ける

- ☐ 5W2Hを組み込んで説明する

- ☐ 報告は簡潔に、結論から話す

第 4 章

働き方アップデート②
時間活用編

- Time utilization -

無駄の削減と効率化で時間を捻出できれば、次はその時間の有効な使い方です。せっかく作った貴重な時間だからこそ、自分のやりたいことに費やしたいもの。それを実現するためには何が必要なのか、何をするべきなのかを学んでいきましょう。

時間を作ってやりたい 「志事」をやろう

　人生を楽しむためのアップデートのためには、組織や社会の改革とは異なる、「私」自身のアップデートが必要です。そしてその第一歩には「ジブンマイニング」が必要になります。これは、自分をマイニング（掘り起こす）の意味で、「自分が時間を注ぎこみたいことを明確にする」作業です。この「自分が注ぎたいこと」を「志事（しごと）」と呼びます。

　「志事」と「仕事」の大きな違いは、自分でやりたいこと、時間を注ぎたいことであるのか、それとも誰かからやるべきことを指示されて行うことであるのかです。

　日本では、組織に所属して与えられる「仕事」をこなして賃金を受け取るという労働観が一般的ですが、「志事」は誰かに言われたことや、組織で決められたものでもなく、「自分自身が自分の時間を使ってやりたいこと」です。

　仕事の報酬は「お金＝賃金」ですが、志事の報酬は「やりがい」や「満足感」「楽しさ（エンターテイメント性）」。仕事はなるべく時間をかけずに効率的にやることに価値がありますが、志事は

なるべく時間を注ぎ込みたいと思う点も違います。

　プライベートなことだけではなく、会社の業務の中でルーチンから外れた「やりたいこと」も志事の1つです。会社の業務の中で志事を見出すためにはまず業務を分類していくのが第一歩。自分の業務を振り返って、楽しかったり、うれしかったりすることを挙げていくだけです。思いつく限り、数多くの出来事を振り返り、過去の出来事も掘り起こしましょう。この作業を行うと、自分好みの業務に共通するカテゴリや大分類が見えてきます。

　例えば、人に対して助言をしているときや、今までにない新たな視点を提案できたとき、あるいは逆に既存の問題点について解決できたときなど、どこに楽しさやうれしさを感じるかは人によって千差万別ですが、大事なのは自分がどんなことに喜びを感じたかです。この喜びを感じる業務こそが、「志事」なのです。

　多くの人は「企業で働くからには自分のやりたいことを優先するわけにはいかない」と考えがちです。しかし、やりたいことが業務であれば、企業側はそれ以外の業務の成果が下がらないようにすれば特に問題はありません。時間をかけたい業務のために、他の業務を効率化して、時間を作ればいいのです。

　そう考えられるようになれば、自分の仕事のやり方や、やること、やる力を見直し、見つけた志事を優先する働き方へとアップデートする強力なモチベーションになるでしょう。

ポイント

- 「志事」を見つけるためには「ジブンマイニング」が必要
- 「志事」はプライベートなことでなく、業務から見つけてもいい
- 「志事＝やりたいこと」を持つことで「私」個人の働き方を改革する強力なモチベーションが得られる

自分の内面を掘り起こすことからスタート

志事発見術① 自分を知る ジブンマイニングをする

　法則051で志事探しのための「ジブンマイニング」について説明しましたが「やりたいことや楽しかったことが見つからない」という人もいるかもしれません。そんな人でも、次の2ステップの「ジブンマイニング」で志事を見つけることができるでしょう。

　1つ目のステップが「ジマンマイニング」です。ジマン＝自慢のことで、自分が自信を持てることを挙げるというもの。「タイピングが早い」「この業務には自信がある」というように、自慢の理由も言語化していくことが大事です。「自慢できることがない」と思うようであれば「自分ができること」に置き換えても構いません。

　意外かもしれませんが、「失敗したこと」は、自慢に置き換えることができます。それは、失敗したこと＝経験だからです。「残念な結果だったとしても、その経験を積んだということがプラス要素」という考え方になります。

　「ジマンマイニング」の次のステップが「ジシンマイニング」になります。これは、自身がどのようになりたいのか、未来の希

望を掘り起こすこと。この未来とは、現状維持や成り行き任せの将来のことではありません。自分がどうなりたいのか「ミライの志」として言語化するのです。

　「ジシンマイニング」では、経験を通して成功した姿や何かを成し遂げた自分を思い描きます。この自分の理想とする未来が「ミライの志」です。やり方は、経験を活かして失敗を回避することで実現できる未来を思い浮かべるというもの。頭の中で考えるだけでなく、紙に書き出すなどのアウトプットをすることが大事です。最初はメモ程度でも構いません。アウトプットすることで言語化され、どう行動すればいいかの方向性が見えるようになります。

　ミライの志を書き出すと、メモ程度の内容では物足りなさを感じるでしょう。そのときは、行間を埋めるようにWhy、Howといった部分を肉付けしていき、ストーリーになるようにします。他の人にプレゼンすることを意識して言葉を選ぶのがコツです。

　ジシンマイニングで作り上げたミライの志ですが、実現には2段階あることに注意しましょう。最初はWhy、Howの結果で、多くの場合は業務の達成になります。しかし、ミライの志で描くのは業務達成の姿ではなく、それによって実現した「なりたい自分」です。つまり、第1段階の達成はあくまでも過程であり、第2段階の「なりたい自分になる」ことが大事なのです。ここまで到達できれば「ジブンマイニング」は完成になります。

ポイント

- 「ジブンマイニング」で志事を見つけることができる
- ジブンマイニングの1つ目のステップは「ジマン（自慢）マイニング」
- ジブンマイニングの2つ目のステップは「ジシン（自身）マイニング」
- 「ジブンマイニング」は「なりたい自分になる」をイメージする作業

副業が認められる時代の働き方

志事発見術②
副業で見つける「複業複所」

　2018年1月「モデル就業規則（企業が就業規則を作るための指針）」が改訂された頃から一般企業での「副業解禁」が進んでいます。現在は地方自治体等の行政機関が副業人材を求めるなど、認知度や活用方法が広まっています。

　副業は、平日の日中は本業を行って定時後や休日を副業に充てるケースが多いでしょう。その際は、業務を効率的に行う、時間を有効に使う工夫をするなど、生産性を高める意識が個人の中でより強くなるため、会社にとっても個人にとってもメリットがあります。

　個人のメリットは、労働成果を会社の業務だけではなく、副業からも得られて豊かさが増す点です。一方の会社は、従業員の労働時間が管理できなくなることや各種情報漏洩、本業に充てるリソースが減って業務の生産性が低下するなどのリスクがあります。しかし、リスクがあっても副業による「成果の上乗せ」は大きな魅力です。そこで業務範囲が広い大企業を中心に「社内副業」制度が広まりつつあります。例えば、業務時間の1割から2割程度を副業に振り分けることができたり、他部署・他部門からの社

内公募に手を挙げて、マッチングされることで副業体験を行える
というものです。

　この制度のいいところは、企業秘密などが社外に漏れるリスク
を心配することがなくなり、社員側は副業で新しい経験や人脈を
得ることができること。今はまだ大企業が主ですが、企業提携で
特定の会社との副業ができるようになる可能性もあります。

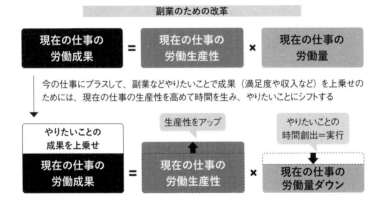

このように副業が普及していけば、いずれ副業はサブの意味で
はなく複数を指す「複業」となっていき、同時に2つの場所（企
業・部署）で働く人も増え、「複業複所」という働き方も広がっ
ていくことになるでしょう。

ポイント

- 制度やオフィスレイアウト、社内コミュニケーションなどの「型」
  の変化だけでは成功しない
- 「求め（られ）る成果」を大きくすることは、生産性の向上を成功
  させる動機になりえる

志事発見術③
現実or非現実で「憧れ」を探す

　自分への自信と同じぐらい自分が「やりたいこと」を見出すために重要になるのは「ロールモデル」です。ロールモデルとは、行動や考え方の規範となる人物のことです。目標とする人物、理想とする人物という言い方もできるでしょう。

　ジブンマイニングをしても、やりたいことを見つけることが難しいという人もいます。過去はあくまで「過去の自分が経験したこと」「過去の自分ができたこと」に過ぎず、そこから未来の自分がやりたいことを想像できない、見つけられない、ということもあるかもしれません。そんなときには、他者をロールモデルとして、やりたいことを見つけ出すヒントやきっかけを求めることが有効です。

　「自分探し」と言う言葉がありますが、瞑想など自分の内面を掘り起こしても答えが見つからないときに、きっかけになるのが他者の存在です。「日常では出会えない他者の考え方や経験談に触れることで、人間としての成長につながる」というものです。必ずしもそれだけとは限りませんが、自分探しを通じて日常や職

場では出会うことができない他者に触れる機会を作ることで、自らの経験以外の他の人の経験を取り込み、自分の経験を拡張することもできるでしょう。

とはいえ、多くの場合は今自分自身がいる職場の中で、自分の働き方改革をするためのロールモデルになるような人物を探すことは難しいでしょう。職場には企業としてのロールモデルである「職場のルールに沿ってしっかりと仕事に取り組み、自己研鑽をしている人」は存在しても、「やりたいことを明確に持ってそれに向かって"私"の働き方改革を実施している人」はまずいないからです。そのため、ロールモデルとなる他者を探すためには、自分から外の世界に出ていく必要があります。

社外にロールモデルを求める場合は、日々と同じことをしていては機会を得ることができません。いわゆる異業種交流会や、知らない人が話す講演会に参加するのも1つの手です。また、大きい企業であれば、日常的な交流がない他部署の人は外部の人と変わりません。そこから交流を始めてもいいでしょう。

そうした中で、自分の経験値にはない様々な情報が入ってくるようになり、自分の「やりたいこと」を実現しているタイプの人に出会える機会も増えるでしょう。そうして自分のやりたいことの選択肢が増やすことで、自分自身のやり方や、やることの選択肢も広がっていきます。

ポイント

- 自慢探しでは未来の自分のやりたいことが見つからないことも
- ロールモデルとなる他人を見つけよう
- 日常や職場から外に出ていくことで、自分が経験したことない経験を持つ人と触れ合い、ロールモデルとする

「自分はこんなキャラクター」を明確化

志事発見術④
自分に「二つ名」をつけてみる

　法則052の「ジブンマイニング」で自分の得意なことを誇れるようになり、未来の自分の理想像を具体化できたら、自分の二つ名を考えてみましょう。二つ名とは、その人の代名詞。「こんなキャラクターなんですよ」と説明するキャッチフレーズのようなものです。某名作アニメの「赤い彗星」や野球選手の「ゴジラ」「ハンカチ王子」などが有名でしょう。自分でつけるときには、謙遜は無用です。インパクトのある二つ名にしましょう。

　二つ名作りで大事なのはジシンマイニングを組み込むこと。ミライの志を組み込むことで「こういう志向を持つ人だ」ということを表すのです。たとえば「残業ゼロの打ち込みマスター」であればプライベートの時間を大切にしていることもわかります。

　自分に二つ名をつけると、自分の得意なことを自覚するようになります。そうすると「その名に恥じないように」という意識が働き、さらに得意が磨かれていきます。

　ビジネス書では、この「得意なことの宣言」を取り上げているものも数多くありますが、「宣言まですると、できなかったとき

に恥ずかしい」「自分の二つ名にまだ自信がない」と抵抗感を抱く人もいるでしょう。そんなときには、心の中で、自分だけに予告する「ジブンヨコク」から始めるのがオススメです。

　この「ジブンヨコク」で大事なのは「予告」という部分です。予告とは「いつまでに、何をする」と決めて宣言することです。このジブンヨコクの良いところは、上司からの指示や業務の締め切りと違って外からの圧力がなく、無理をしなくていいことです。とはいえ、この日までにやると決めたことを簡単に覆して何度も期限延長をするのでは意味がなくなります。そうならないように「少しがんばればできる」くらいの予告にして、達成の実績を作っていきましょう。

　この「ジブンヨコク」を成功させるコツは2つあります。

　1つ目は、大きすぎる目標にしないこと。最初は短い期間で達成できる小さな「ジブンヨコク」にして、それが達成できたら徐々に大きな目標、つまり達成に時間がかかるものにシフトしていけば良いのです。第一段階、第二段階と区切るなど、達成までにかかる日数を少なく設定するのが成功のコツです。

　2つ目は、習慣に変えていくこと。毎日、短い期間で達成できる小さな「ジブンヨコク」を実行していくことで、当たり前のことにしていくのです。「ジブンヨコク」が習慣に変われば大成功と言えます。

ポイント

- •「二つ名」には強みと志向を組み込む
- • 二つ名作りは、なりたい自分を具体化するのに役立つ
- •「ジブンヨコク」は「いつまでに、何をする」を決める
- • ジブンヨコクが習慣に変われば大成功

説得力のあるイメージ作りが重要

志事発見術⑤　志事探しは幻想力を高めることから

「志事」探しで大事なのは、具体的に何をどう変えるのかをイメージすること。その結果どんな「志事」になるのかという最終的なゴールまでイメージできないと成功は難しいでしょう。そのイメージする力が「幻想力」です。

誰もやっていないことを実現させるイノベーターのイメージ力は素晴らしく、今は存在していないものを、あたかも存在しているかのように思い描くことができます。このイメージ力が、ここで呼ぶ幻想力です。

映画やアニメ、漫画、小説などもこの幻想力を持っています。未来や異世界など現実ではない世界を舞台にしていても人々が共感して感動するのは、高い幻想力でフィクションの世界が細部まで作り込まれていて、見る人読む人もその世界をしっかりとイメージできるからです。

この幻想力に必要となるのが記憶力です。現実世界の様々な事象を覚えていなければリアルな幻想にすることもできないからです。イメージのための材料は記憶によって蓄えられ、それまで見聞

きしたもので幻想は構築されます。そのため、幻想力を高めるためには、現実世界をよく観察することが必要とも言えるでしょう。

　現実世界の出来事を大量に記憶しておくことで、優れた幻想を生み出すときのピースになります。つまり、現実世界の記憶は幻想世界を生み出すことを助けてくれるのです。

　イノベーターは、自分が抱いた幻想を脳内で細部まで構築する際に脳内でシミュレーションして、未来の成功を具体的にイメージします。いわば脳内で経験済みになるのです。しかし、組織内でプレゼンされる上司や同僚などは同じイメージをできず、「突拍子もないアイデアを出す人」といったレッテルが貼られて組織内で孤立してしまうこともあります。

　また、相手から共感を引き出す共感形成力が低い場合、相手に共感してもらえる表現がどのようなものかわからず、よく言われる「天才は何を言っているのかよくわからない」という状態になってしまいます。

　イノベーターがアイデアを周囲に伝える一番いいやり方は実際にやってみせる「実践」。自分ひとりでできる範囲で実践し、ある程度の成果が実感できたら「こんなアイデアがあって、実際にやってみたらこういった成果が得られたのですが、いかがでしょうか？」と提案するのです。

ポイント

- 「志事」探しには「幻想力」が必要
- 「幻想力」とは存在していないものを存在しているかのように思い描くイメージ力のこと
- 「幻想」を理解してもらうには実践してみせるのが一番

志事発見術⑥
コスパ・タイパからキャリパへ

　昔と現代を比較する例としてよく挙がるのが、「コストパフォーマンス（コスパ）よりタイムパフォーマンス（タイパ）」という話です。以前はコストパフォーマンス（値段に対する価値）を重視する人が多かったが、現代の若い世代はタイムパフォーマンス（時間に対する価値）を重視している、という話です。

　コスパは、長らく日本の社会では重視されてきた価値観でした。しかし、「この値段でこの性能はいい」というコスパ重視の価値観は「同じ値段でもっと性能がいいものを」という流れを生み、日本の技術や製品の価値を下げることになってしまいました。その最たる例が「デフレスパイラル」です。

　デフレスパイラルとは、物価が下がることによって企業の業績も悪化、そのために賃金が減少して消費も減退してしまい、さらに物価が下落する悪循環で、日本を長らく苦しめてきました。

　デフレスパイラルから抜け出した時代に消費者となった若い世代に重視されるようになったのがタイパです。費やした時間に対する満足度の度合いを示すものですが、費やす時間が短く、満足度が高いものを評価する考え方です。

　コスパを求めて大きな苦労をして大きな見返りを得るよりも、効率的に時間を使って短い期間の中で最大の見返りを得るというタイパを求める方がいい、というのは今後主流になると思われます。

　とはいえ、タイパをキャリアに対しても適用すると、逆にタイパが悪くなる危険性もあります。

　キャリアをタイパで考えると「短い時間で得られる結果（能力）」を求めることになります。しかし、キャリアは短期的には成果が出ない勉強や、知識・スキルの蓄積、それらへの投資などによって将来大きく伸びるかどうかが変わってきます。例えば、経営学は従業員として雇用されている間に学んでも、経営に携わるようになるまでは大きく役立つことはないでしょう。しかし、将来のキャリアにおいては学んでおいた知識が大いに役立ちます。

　これは、将来のキャリアのための先行投資とも言えます。先行投資の有無で将来のキャリアが大きく変わってくるのです。

　これから先のキャリアにおいては、タイパ重視ではなくキャリアパフォーマンス（キャリパ）を重視する時代が訪れるでしょう。これはつまり、現在は評価されていない志事であっても将来のキャリアに役立つ時代が来る可能性があるということ。志事を早く始めることで、将来のキャリパを上げることができるのです。

ポイント

- コストパフォーマンス（値段に対する価値）重視は過去の価値観
- 若い世代はタイムパフォーマンス（時間に対する価値）を重視
- タイパ重視では将来のキャリアにマイナスになる可能性がある
- キャリア効率を重視するキャリアパフォーマンス重視の時代が来る

志事実現術①
偶然の機会を計画的に起こす

　テレワークやフリーアドレスの広がりで減少したことで一番に挙がるのが「何気ない雑談」でしょう。給湯室や休憩所、隣席など、偶然一緒になった誰かと言葉を交わす機会です。問題なのは、「偶然の機会」で生じる会話や専門が違う人からの素朴な疑問から新製品や新サービスのアイデアが生まれる機会がなくなること。また、一緒に働く仲間の趣味や内面を知る機会も減ることです。

　報告やトラブル相談のように、目的が明確ですぐに返事が必要なものは「緊急かつ重要」で不可欠なコミュニケーションですが、何気ない会話はなくても一見すると困りません。しかし、そこには未来の付加価値を生み出すヒントが埋もれている可能性があります。その機会をなくすのは成長の芽を摘むことと同じです。

　企業にとってだけでなく、個人にとっても偶然の機会の喪失はマイナスになります。それは、いろいろな人との緩やかなつながりから生まれる新しい発見やアイデアといった「成長の機会」も同時に失われてしまうからです。

　社内事情でつながりが減ってしまっている場合などは、個人的

に新たな出会いを作る努力が必要になります。しかし、普段通り
の行動（合理的、必然的な選択）では、なかなか「偶然」の出会
いに巡り合うことはできないでしょう。

　このコントロールできないからこその「偶然」を「計画的に起
こすことができる」という考え方があります。スタンフォード大
学のジョン・D・クランボルツ教授らが提唱した「計画的偶発性
理論」です。これは「個人のキャリアの8割は予想できないこと、
偶発的なことによって決定される」というキャリア論を元にした
「偶然を計画的に設計し、自分のキャリアをよくしていこう」と
いう考え方です。

　この理論は「偶然のアイデアや発見、成長が人との出会いなど
の偶然の出来事によって起きるなら、アイデアや発見、成長は偶
然の出会いを作れば生まれる」というものです。例えば、偶然の
発見のために偶然の出会いが起きそうなところに行けば、偶然の
出会いが起きて偶然の発見が生まれる、ということです。

　つまり、自分の世界を広げる偶然の出会いを見つけるためには、
普段出会えない、あるいは出会おうとも思わない人に会うように
動けばよいということ。普段関心のないテーマや業界の異業種交
流会に参加したり、自分と大きく異なる世代の集まりに参加する
など、偶然は自ら求めてこそ起きるのです。

ポイント

- テレワークやフリーアドレスで偶然の機会は減少した
- 偶然の機会から発見や成長が生まれる
- 偶然の出会いを計画的に起こす理論がある
- 偶然が起きる確率を高める行動が偶然を生む

最終ゴールまでの予定表を作る

志事実現術②
ビジョンタイムマネジメント

　志事を実現するために必要なものに「ビジョンタイムマネジメント」いう考え方があります。これは、「ビジョンマネジメント」と「タイムマネジメント」をあわせた造語です。

　ビジョンマネジメントは、ビジョンを浸透させるためにリーダーがマネジメントしていくことですが、ここでは志事を実現するとどう変わるのかを周知することを指します。つまり、「こういう風になるといいな」を周りに受け入れてもらうようにすることです。多くの場合、個人で志事を実現しようとすると、周囲の人からの反感、または抵抗や反対があります。これは周りと違うことをすることで、周囲の人たちに悪い影響が出ることを恐れるからです。その誤解を解き、「やってもいいかも」と受け入れやすい環境を作っていきます。

　一方のタイムマネジメントとは、一般的な時間管理の方法のことです。ゴールを設定し、いつまでに何をするかをスケジュール化することで、ここではビジョンマネジメントをどのように進めていくかを決め、実行していくことです。

この2つをあわせて、志事を実現できる環境を作るのです。

ビジョンタイムマネジメントで行うことは、志事を見つけるためのジブンマイニングから、志事をするために行う既存業務の効率化、志事をするための変化を提案するために事前に行う実践、提案時期の設定や周囲の仲間作りまで、非常に多くのことを、「いつ」「どうやって」行うかマネジメントすることです。

志事の実践とひと言で言っても、実現できるまでにはやるべきことがたくさんあります。場合によっては並行して進めていくこともあり、計画を立ててきちんと実行していかなくては途中で力尽き、志事を実現する気持ちも折れてしまいます。そうならないために必要なのが、やることを管理するためのビジョンタイムマネジメントなのです。

ビジョンタイムマネジメントの利点はいくつか挙げられます。1つは「自分はすぐにこれを実現したいんだ！」という想いから暴走することを避けられること。「すぐに」という焦りから強引に進めようとすると、志事の内容や必要になる効率化の方法が粗くなり、失敗を招いてしまいます。

もう1つが、順番をきちんと計画することで、途中で頓挫する危険を回避できることです。既存業務の効率化をしないまま変化のための実践を増やした結果、やることが多くなって途中であきらめるといったことを防げます。

ポイント

- 「ビジョンタイムマネジメント」とは、「ビジョンマネジメント」と「タイムマネジメント」をあわせた造語
- 志事実現のためにやることを「いつ」「どうやって」行うかマネジメントしないと失敗するため、ビジョンタイムマネジメントは重要

未来のために行動の幅を広げる

志事実現術③
選択肢を増やして成果を変える

　「私の働き方改革」とは、自分のやりたいことにより注力するために、やること、やり方、やる力を見直しながら、周囲にも改革を働きかけていくこと。言い換えれば、従来とは異なる選択を行うということです。

　自ら改革を推進できるタイプの「働き方イノベーター」とも呼べる人が複数の選択肢をひらめくことができるのは、明確な意図を持ちながら世の中にアンテナを張っているため、自分の目の前の仕事以外にも幅広い知識を持っているからです。このことをクレアモント大学院大学のジェレミー・ハンター准教授は「セルフマネジメントができている状態」と表現しています。セルフマネジメントができている人は、結果を変えるために行動を変えるのではなく、その前段階である選択を変えていくことができます。

　自分が普段過ごしている世界、職場や自宅、交友関係などから得られる情報だけでは、どれだけアンテナ脳を育てたとしても、そもそも新しい情報が飛び込んでこない状態では意味がありません。固定化された世界から飛び出し、世界を広げる機会を積極的

に設けることで、情報の総量を増やすことができます。

　新しい講演会やセミナーに参加することや、本を読むこと、ド
キュメンタリー番組などを見ることも、他人の体験を自分の中に
取り込むために良い方法でしょう。最近では、SNSやYouTube
などの動画サイトで、いろいろな他人に出会うことも可能です。

　しかし、その場合に気をつけることが1つあります。人は無意
識のうちにリスクを避ける傾向があることです。セミナーの案内
や本を探す時にも、「役立ちそう」とか「なじみがある」といっ
たものに目が行きがちです。よくわからない、なじみのないコン
テンツで「時間の無駄になるかもしれない」と感じるものを避け
てしまうのです。同様に、SNSなども漫然と使っていると自分が
興味のある人だけがタイムラインに現れるため、世界が広がりま
せん。SNSやYouTube、Amazonのサジェストも同様です。

　つまり、自分の世界を広げるためには、それまで食わず嫌いを
してきたような、自分の性格に会わない人、自分の人生には無縁
のタイプの人に出会うことがポイントです。しかし、そのような
出会いは時に気分を害したり、そこまででなくても時間の無駄に
なってしまうこともありえます。こういったリスクのある選択は、
合理的な判断を好むビジネスパーソンにはなかなか取りにくいも
のです。つまり世界を広げる出会いは、合理的、必然的な選択だ
けをしていると得られないかもしれません。

ポイント

- 新たな選択肢を得るためには、自分の世界を広げる必要がある
- 講演会や書籍、SNSなどで世界を広げられるが、同じタイプばかり
  になり、まったく無縁の物や人に触れられない可能性もある
- 縁がなかったものに触れることは、リスクもあるので注意

志事実現術④
アンテナ脳を鍛える

　脳のアンテナを鍛えるために有効なテクニックの1つが、脳をだましてドーパミンを分泌させる習慣を作ることです。ドーパミンとは脳内物質の1つで、何かを成し遂げた時に感じる興奮状態の原因でもあります。

　つまり何かを成し遂げるとドーパミンが分泌され、脳が快楽を感じるのです。それを覚えると脳がもっとドーパミンを欲しがり、その成し遂げたことをもっと繰り返そうと考えるようになり、これによって人のやる気が引き起こされるようになります。つまり脳が無意識に、その行為を好んで行うようになるのです。これを使ってうまく条件づけを行うことで、脳が無意識のうちにさまざまな情報にアンテナを張る事ができるようになります。

　では、脳が勝手にアンテナを張るようにするためにはどうすればいいのかというと、いわゆるトリビアを知ることが有効だと明らかになっています。人間は、どうでもいいことであったとしても「新たな知識を得る」ことで快感を得られる、つまりドーパミンが分泌される生き物なのです。

　日常的に身の回りのトリビアを調べ、快感を得られるようにしておくと、仕事などで少し疑問に思ったことでもすぐ調べたくなる習慣がつき、いろいろなことを知りたがるようになります。

　例えば、地名や社名、人名などを見たときに、その由来をスマホなどで調べるようにしましょう。身近にあるため調べやすく、知識の広がりも適度に大きいので、トリビアとして最適です。

　ほかにも、いつもの通勤の途中駅の駅名を調べてみる、初めて会った人の苗字の由来を調べてみるなどもいいでしょう。これによって調べる快感を覚えた脳は、ニュースを見ても、メインニュース以外の細かなニュースにも目が向くようになり、もっと新しい情報を求めるようになります。これがさらに進むと、異業種交流会やセミナー・イベントなどにも、新たな情報を求めて参加しよう、という気分になってきます。書店などでも、今まで訪れなかった分野の棚が気になるでしょう。

　なぜその社名なのか、なぜそんな地名なのか、今まで関心を持たずに過ごしてきていたことに興味を持つことが自然にできるようになると、習慣化できたといえるでしょう。普通の人が興味を持たないようなことに興味を持ったり、情報を記憶に止めようとする無意識が醸成され、意識することなく世の中の事象に興味関心を持つ「アンテナ脳」になっているのです。

> **ポイント**
> - 世の中の情報にアンテナを張るには、それを意識することなく日常的な習慣としてできるようにすることが重要
> - 何かを知ること、調べることに脳が快感を持つようにする
> - 普通の人が無視することに興味を持ち、結果として選択肢が増える

志事実現術⑤
アイデア脳を鍛える

　新事業や新商品を生み出すためには、アイデアが必要です。周囲で優れたアイデアを生み出す人はいないでしょうか？　そういう人と自分を比べて、「あの人と違って自分にはアイデアを生み出すセンスがない」「あの人はアイデアを生み出す先天的な能力を持っているんだ」と考える必要はありません。アイデアを出す能力はトレーニングで鍛えられるからです。

　アイデア出し能力は、一部の天才を除けば後天的に身につける人がほとんどです。「自分はアイデアが発想できない」と悩んでいる人でもトレーニングで身につけることができます。アイデア出しのトレーニングは、スポーツと本質的には同じ。例えば、マラソンの初心者は始めたばかりの頃は短い距離を走っただけで疲れてしまいます。しかし、短い距離を走るトレーニングを繰り返すことで徐々に体力がつき、長距離も走れるようになります。

　アイデア出しも、最初は疲れや不慣れを感じるものですが、トレーニングを繰り返すことで慣れてきます。繰り返し行うことで具体的なイメージを思い浮かべるスピードも上がり、さらに多く

のアイデアを出せるようになっていきます。

　トレーニングと聞くと、つらいもの、苦しいものを思い浮かべがちですが、アイデア出し能力のトレーニングは楽しいものであるべきです。楽しくないとトレーニングも長続きしないからです。トレーニングを楽しいものにして続けていき、自分の中で習慣にすることを目指しましょう。

　アイデア出しのための脳のトレーニングとして、オススメなのが「フィクションにハマる」というものです。ドラマや物語といったフィクションの中でも、現実に少しだけ嘘の要素を加えたテイストの作品がいいでしょう。そうしたフィクションにハマってフィクションの世界のパターンを憶えたら、今度は自分自身で虚構の世界を想像してみましょう。

　そこで想像する虚構も、現実に少しだけ嘘を交えたものにしましょう。例えば、「ニュースで見た事件や災害が起きたときに、自分が100億円を持っていたらどう使うか」などです。

　様々な制約から解放された中で、「100億円を持っている」という嘘を使って現実の事件や災害に自分がどうやって立ち向かうか、様々な知識を組み合わせながらイメージするのです。

　フィクションにつけ加える嘘はどんなものでもいいですが、ポイントはできるだけポジティブな嘘であることです。悲観的なものではなく前向きに楽しく妄想できるものにしましょう。

ポイント

- アイデアを出す能力は後天的に鍛えることが可能
- トレーニングをすることでアイデアが出やすくなる
- 現実に少しだけ嘘を交えた状況を妄想する
- トレーニングを楽しいものにして習慣化する

脳内イメトレで知識を自分のものにする

志事実現術⑥　アウトプットベースでインプットする

　法則056では、幻想を完成させるためには現実世界の様々な事象を記憶していなければならないと解説しました。色々なものを細部まで覚えているからこそ、イメージがリアルなものになるからです。とはいえ、誰もが記憶力に優れた人というわけではありません。「そんなことを言われても、自分は記憶力にまったく自信がない」「自分は見たものをぼんやりとしか覚えていない」という人も多いことでしょう。

　もちろん、記憶力がよくなくては絶対にダメということはありません。好きなジャンルのことはよく覚えていても、それ以外のことの記憶に関してはまったく自信が持てないという人にオススメなのが、反芻を心がけることです。

　反芻とは本来は、牛や羊が食べたものを消化する方法のことで、一度飲み込んだものを胃から口の中に戻し、もう一度噛んでから胃に戻す過程を指します。このことから転じて、1つのことを繰り返し味わうことも反芻と呼ぶようになりました。

　記憶を残すための反芻とは、「一度覚えた情報を何度も脳内で

味わう」というものです。記憶力がよくなくても、脳内で反芻することで覚えておきたい知識をしっかりと記憶することができるようになります。具体的には次のようなものです。

・新しいキーワードを覚えときには、知人にその知識について説明している自分を何度もイメージする

・何度もその姿を頭の中でイメージする。説明のセリフがわかりにくかった場合は、次のイメージの際に変える

　こういったイメージを繰り返すことで、そのキーワードについての知識が自分の中で腑に落ちる状態になります。この反芻は脳内で行なっている作業ですが、誰かに説明しているところを何度も繰り返しているので、アウトプットを何度もやっている状態に近いと言えるでしょう。つまり、脳内でアウトプットを繰り返すことで、自分自身の頭の中にしっかりとインプットされているのです。

　これは、アウトプットベースでインプットするという方法ですが、この作業を経ることで知識が自分の経験として鮮明に記憶に残るようになります。知識が経験に変換される過程を含めて、記憶がより深く定着するのです。

　また、脳内でアウトプットする作業では様々なことを想像するので、幻想力を鍛えるトレーニングにもつながります。

ポイント

• 新しく覚えた知識は脳内で反芻して、記憶を深いものにする

• 誰かに説明しているところなどを脳内で想像する

• 脳内でのアウトプットを繰り返すことで自分に知識をインプット

• 脳内での想像は幻想力を鍛えるトレーニングにもなる

上からではなく一緒に行うのがコツ

志事実現術⑦　周囲は 説得するのではなく巻き込む

　業務の進め方などの変化は周囲の人々にも影響があるため、「アクションを起こすときはひとりでやらない」こと、つまり周囲を巻き込むことが大切です。周囲の人を巻き込めれば、ひとりで提案するよりも説得力が増します。その巻き込み方にも注意があります。「あなたのイエスマンでない」「課題意識を共有できる」「課題について詳しい」などです。

　巻き込む相手があなたのイエスマンだとひとりで提案するのと変わりません。課題意識を共有できることは、一緒にやるときには非常に大切なことです。相手も解決するべき課題と思わなければ、自律的に動こうと思いません。課題についての知識や知見があるかは大事です。職場での働き方であれば同じ職場の同僚、現場の働き方であれば現場のことを知らなければ、取り組むべき課題とその変化が本当に必要なのかの判断が難しいでしょう。

　声をかけるときには、相手にとってのメリットを説明しましょう。通常、慣れ親しんだ仕事をあえて変える必要性を感じている人は多くないからです。また、変化のための初期行動は通常業務への「仕事の上乗せ」になり、仕事を増やしたいと考える人はい

ないでしょう。相手にとってのこの2つのリスクを上回る「相手にとって役に立つこと」を提示しなくてはいけません。

　小さな提案であっても、必ず最初に承認を得なくてはいけないのが直接の上司です。上司は「ただの通過地点」と思いがちですが、そう考えていると通過も危うくなります。例えば、部下が業務改善案を提案するということは、解決すべき課題を見逃してきたことになり、上司にとってはおもしろくないでしょう。

　さらに立場上、承認のために内容を精査しますが、その内容に問題がない場合、プランとしては優秀でも上司は困ったことになります。「組織改善という大きな提案に関与していない」からです。すると、関与度を上げるために余計な付け足しを指示したりしますが、余計な時間がかかるなど、いいことはありません。

　上司を最初の壁、抵抗勢力にしない方法は最初から仲間に入れてしまうことです。最初は雑談などで課題を共有してもらい、そこで助け舟としてあなたの提案を持ち出すのです。上司にとっては、完成度が高ければすぐに提案に回せ、補足があれば関与度も上がりさらに都合がいい、となります。

　課題の共感・共有ができない上司の場合も、完璧な提案を突きつけるのは避け、わざと穴のある提案を用意して上司が関与できるようにして、相談の形で巻き込むといいでしょう。

ポイント

- 職場で変化を起こすときは周囲の人を巻き込む
- 巻き込む相手にはデメリット以上のメリットを提示する
- 上司を通過点と考えると立ちふさがる壁になる
- 上司を巻き込むときは上司が関与できる隙を用意しておく

志事実現術⑧　コミュニケーション・ポートフォリオ

　ビジネスフレームワークの1つに、顧客満足度を測ることによく使われる「ポートフォリオ分析」というものがあります。2つの指標を軸として高低で分け、4つに分けたマスの中に調べたい項目がどこに位置するかを配置して分析をするもので、何を重視して動くべきかなどがわかります。

　これを、志事を実現するためという観点でコミュニケーション分類に応用したのが、コミュニケーションポートフォリオです。
　左右の指標に「仕事・私事」を、上下の軸に「急ぎ・急ぎではない」を指標とした4つのマスを作ります。そこに普段のコミュニケーションを落とし込んでいきましょう。

　「急ぎの仕事の話」「急ぎではない仕事の話」「急ぎの私事の話」「急ぎではない私事の話」のマスの中に、該当するコミュニケーションをとっている人の名前を入れていきます。同じ人が複数の場所に位置する場合は「在籍中の○○さん」「休憩所での○○さん」など、場所などを入れて分類しましょう。

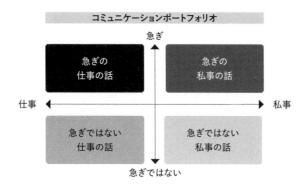

コミュニケーションポートフォリオ

急ぎ

急ぎの
仕事の話　　　　急ぎの
私事の話

仕事　　　　　　　　　　　　　私事

急ぎではない
仕事の話　　　　急ぎではない
私事の話

急ぎではない

　このコミュニケーションポートフォリオの左上「急ぎの仕事の話」は言葉通りで、右上の「急ぎの私事の話」とは仕事ではない急ぎの話（病欠や結婚報告）です。

　右下の「急ぎではない私事の話」とは、給湯室や喫煙所での雑談などで、仕事とは関係なく互いを知るための機会となります。

　左下の「急ぎではない仕事の話」が、志事実現のために大事にしたいコミュニケーションです。ここに分類される人であれば、「これからこんな仕事をしていこう！」と語り合って仲間になったり、「今どんな仕事しているの？　へぇ、それってこうしたらおもしろいかもね」とアイデアを出し合い、高め合う仲間になることができるでしょう。急ぎではない仕事の話＝志事の話をできる人を増やすことが、志事実現のためには大事です。

ポイント

• 現在のコミュニケーションを分析するために、コミュニケーションポートフォリオを作成する
•「仕事・私事」「急ぎ・急ぎではない」を指標とした2軸の4つのマスを作り、コミュニケーションを分類する

志事実現術⑨　「志事着」で
コミュ機会を生み出す

　「ジブンマイニング」を行い、自分に二つ名をつけるところま
でできても、二つ名に慣れるまでは「これで本当にいいのかな」「こ
の方法は正しいのかな」と不安で心が押しつぶされそうになるこ
ともあるでしょう。この時期はまた、周囲の反応も気になり、変
化している自分が受け入れられないという不安にも襲われます。
このように、「それをやるのがいい（正論）とは思っても続ける
のが難しい」というのは、珍しいことではありません。

　「正論であっても実行が難しい」の最大の理由は、実行したと
きの周囲の否定的な反応、いわゆる抵抗勢力です。周囲の否定が
強いと「変わりたい」という意思が徐々に削られてしまい、やが
て諦めてしまうことも多くあります。

　過去の働き方改革でもこの点は大きな問題となっていて、解決
のために制度を変えたり、トップダウンで強い指示を出すなどの
方法が採られてきました。しかし「周りと足並みを揃えるもの」
という意識が蔓延している組織では、抵抗勢力から「情熱の炎」
への消火活動が行われがちで、結果、情熱も鎮火され、やがて完

全に消火されてしまいます。やっかいなのが、そうやって情熱を消火された人が、次の抵抗勢力として新たな炎を消す側に回り、過去の自分と同様に情熱を消すということです。

　それに対抗するためには、自分を守る鎧が必要です。そこで最適なのが「志事着」を用意すること。これは、「ミライの志」で描いた理想の自分を思い起こさせるものなら服以外でも構いません。夢が趣味三昧なら趣味グッズだったり、夢がお金持ちなら将来買いたいヨットや時計の写真、旅行三昧が夢なら行きたい場所の写真など、消火活動のキツい一撃を受けても気持ちを奮い立たせてくれるものであればOK。志事着（グッズ）は周囲の人とのコミュニケーションのきっかけにもなるので一石二鳥です。

　本当に大事なのは、抵抗勢力と戦うことでもなく、変化しようとする心を踏みとどまらせることでもありません。志事を見失わず、周囲とのコミュニケーションをきちんととることです。将来の夢を実現することだけに注目すれば、退職後に好きなことをすればいい、という考え方で周囲をシャットダウンしてもいいかもしれません。しかし、良好な人間関係を作り、志事を実現するほうが、ずっと早くやりたいことができるでしょう。

ポイント
- 組織には変化することに抵抗する「抵抗勢力」がある
- 「情熱の炎」を消す抵抗勢力には消火の達人がいる
- 消火の達人から身を守るためには「ジブングッズ」が有効
- 今を犠牲にせず「志事」を続けることが大事

志事実現術⑩　Know howに Know whoをプラス!

　組織の内外の人的資源を活用するためには、まずどのようなその資源がどれだけあるのかを把握することが必要です。交流がない状態では、同じ部署の人間でも「現在どんな仕事をしているか」といった程度の情報しかないでしょう。他部署であれば何の業務をしているかもわかりません。社外の場合はなおさらです。そういった資源としてのヒトの情報を得るためには「Know who（ノウフー）」を広げることが重要になります。

　Know who（ノウフー）とは、「誰が何を知っているのか」「どこにどんなエキスパートがいるのか」「誰がどの業務の経験があるのか」といった人的資源情報のことです。

　組織のナレッジマネジメントとしてKnow whoを活用するには、人的資源情報を蓄積し、検索できるようにします。専門的なスキルやノウハウを持つ人と、それを必要とする人を、部署間の壁を越えて結びつけて知識の共有化と有効活用を図るのです。

　一方で、個人としてのKnow whoを広げることは、今現在の仕事に役立つ情報を入手でき、働き方を改革するにあたって壁にぶ

つかったときに頼りになるメンターを見つけられたり、社内や会社自体を横断して大きな改革を行う際に巻き込むべき人を押さえておくことができるようになる、などのメリットもあります。

　Know whoを広げるための方法はたくさんあります。社内であれば、共有のコミュニケーションエリアや企業内のSNSを用意している企業もあったり、定期的な情報交換会や交流会が開かれていればそれに参加するという手もあります。自ら開催してみるのもいいでしょう。

　社外のKnow whoを広げるためには、これまでに紹介してきた「ロールモデルとなる他人を探す」といった手法と共通の部分が多くあります。セミナーや講演、発表会に参加し、その登壇者や参加者と知り合うなどです。異業種交流会や会員制のビジネスサロンに参加するのも、人脈を広げ、Know whoを拡大することに役立ちます。FacebookやInstagramのなどのSNSを活用することも可能でしょう。

　このようにKnow whoの場は社内社外を問わずに存在します。しかし、こういった場があっても、意識的に活用しないとKnow whoは広がりません。SNSなどでも、意識して知らない人の情報に触れるようにするなど、同じ人とばかり会話することを避けるようにしましょう。Know whoを広げる機会を意識すれば、新たな人との交流も増えていきます。

ポイント

- 誰が、どんなことについて詳しく、どんなスキルを持っているのかを把握するのが「Know who」という概念
- 社内でも、社外でも「Know who」を広げ、改革の手助けにする
- 人脈を広げる機会は、意識して利用しないと広がらない

自分の志事人度はどれくらい?

□ やりたいことが業務の中にある

□ 自信のあることを人に説明できる

□ 自分の将来像をイメージできる

□ 憧れとなる人物がいる

□ 自分に二つ名がある

□ アイデア実現は具体的に想像する

□ 興味がないものも積極的に触れる

□ 新しく得た知識は脳内で反芻する

□ 周囲を巻き込んで行動を起こす

□ 自分のネットワークを広げている

第 5 章

アップデートを阻む
「壁」の乗り越え方

- Overcome -

やりたいこと＝志事を実現させ、働き方をアップデートさせる
あなたの前には様々な「壁」が道を阻むでしょう。社内の伝統
や文化、変化を嫌う心理……。そんなアップデートを阻む壁を
乗り越える方法を学んでいきましょう。

発想を妨げる余計な考えを捨てる

壁超え術①　組織と自分は 対等であると認識する

　アイデアを出すときに大切なのが、自由な思考で考えることで す。イノベーターの発想は、既存の考え方や仕組みの枠組みを簡 単に超えていきます。言い換えれば、イノベーションを生むため には枠組みに囚われてはいけないのです。

　しかし、フリーランスやスタートアップの創業社長でもない限 り、イノベーターも組織の一員であり、どこかに所属しています。 いわば会社に雇われた身です。しかし、このときイノベーターは、 「会社員である以上、会社の枠組みの中で活動しなくてはいけな い」と考えません。イノベーションを生むための思考を会社とい う枠に限定することになるからです。イノベーターが考えるべき なのはアイデアであって、忖度ではないのです。

　とはいえ、所属しているのは事実であり、それによって制限を 受けたり、企画が実現しないこともあります。そんな状況にある イノベーターに必要なのは、会社と自分は対等であると信じるこ とです。上司や経営陣とは上下関係があっても、会社と自分は互 いの目的のために協力する対等な関係性です。

・会社は利益を生むためにあなたを雇う

・あなたは報酬を得るために会社に利益をもたらすよう働く

　これはシンプルな労働者と企業の関係を示していますが、企業への所属意識が高いと、つい「この会社で実現できるとしたらこの範囲か」などと思考の幅を狭めてしまいがちです。しかし、基本的な会社との関係に立ち返れば、イノベーションを起こして会社に利益をもたらす役割であるイノベーターが、会社の枠組みにこだわる必要などないと気づくでしょう。

　生粋のイノベーターであれば当たり前すぎてそんなことを考えることもないかもしれませんが、イノベーターとしての在り方とは本来そういうものなのです。会社の枠組みと提案を気にするのは、提案を受ける側である上司であり、経営陣などの上層部、いわゆる会社の枠組みの中で成り立つ職責の人々です。その人たちの多くは、ひと昔前は当たり前だった「社内のリソースで実現できるか」で考えがちです。社外リソースを利用して成功した事例の体験が少ない場合、「社外リソース＝コスト増」という意識が強いのが特徴です。

　こういった人たちへは、コスト計算をわかりやすくすることが大切になります。アイデアの秀逸さよりも、会社の利益を第一に考える人が最終決定権を持っていることを、イノベーターは忘れてはいけません。

ポイント

● イノベーターと会社は被雇用者と雇用主という対等な関係

● イノベーターは会社の枠組みに忖度せずに思考する

● 枠組みを気にするのはひと昔前の考え方の上層部

● アイデアの秀逸さよりも会社は利益を重視する

壁超え術② すでに動いている仕組みに乗っかる

　働き方や行動を変化させることは、日頃の習慣を変えることに似ています。しかし、今まで習慣になっていなかったことをいきなり習慣的に行おうとしてもなかなか難しいもの。「なにか新しいことを考える時間を作る」とよく言われますが、ゼロからこれを習慣化することはかなり大変です。そこで役立つのが「ルーチンハック」です。

　これは「ルーチンに乗っかる」という方法のことで、例えば通勤の時間を利用して本を読むようにしたり、ダイエットのためにスクワットを行うのであれば毎日の歯磨きをやっている間に行う、といったものです。既存の習慣に追加して何かを行うとことでハードルが低くなります。

　この方法は、企業においても有効です。企業の中には個人のルーチンと同じように、しかし鉄球のように代えがたい大きな習慣や伝統といった仕組みがあります。それをいきなり変えることは大変です。これを変えるためには、転がっている鉄球の進路を徐々に変えるように、伝統や習慣を少しずつ変革していくのです。こ

のルーチンハックの手法は、習慣や慣習、伝統といったものが根強い大手の老舗企業ほど有効に働きます。

　さらに、既存のルーチン（伝統や習慣）に新たなことを追加するときには、既存のルーチンの見直しを進めましょう。可能であればその時間を短縮したり、割愛して固定化していた習慣を見直すいい機会にもなります。

　例えば会議に少しずつオンライン会議を取り入れるようにすることで、他の会議や打ち合わせもより効率的に行うように意識を変化させていく、といったことも可能でしょう。

　組織には急激に変化しようとすると、改革の途中で元のやり方に戻そうとする力が働いてしまうことがあります。これを人体の恒常性を指す言葉を使って「ホメオスタシスが働く」と表現しますが、少しずつ変化させることで、ホメオスタシスが働かないようにすることができるのです。

　組織でも個人でも、ルーチンハックを行って変革させていくためには、まず組織や自分自身についてよく観察を行い、そこにある原理や行動特性を見出すことが必要です。そしてそこに少しずつ改変や工夫を働きかけることで、新たな制度やルール、習慣を作り上げ、改革していくのです。徐々に変化させていって最終的に変容させればいいと考えましょう。

■ ポイント

- 新しく何かを始めるためには、ゼロから何かを立ち上げるよりも、すでに動いているルーチンに乗っかって進める
- 個人の行動変容だけでなく、組織の習慣や伝統といった仕組みにも「ルーチンハック」の手法が利用できる

壁超え術③　政治・論理・心理的アプローチとは

　組織の変化をうまく進めるためには「政治」「論理」「心理的」なアプローチを同時に適用し、組み合わせなくてなりません。この３つのアプローチをどうやって組み合わせるかは、「論理的アプローチ」の理解がまず必要です。

　論理的アプローチとは、ゴール（目的）の確実な実現に向けて「5W2H」を漏れなく、無駄なく定めることで、「何のために（Why）」「誰が（Who）」「どんな施策を（What）」「どのタイミングで（When）」「どこに向けて（Where）」「どういう方法で（How）」「いくら投資をして（How much）」を指します。これらを事前に定めたうえで活動計画を立てるのです。

　特に重要なのが「Why」で、「何のために働き方を改革するのか」だけでなく、「それが達成されているかどうかをどうやって測定するか」も定めます。このとき、効果の指標には単純な数値目標だけではなく、一人ひとりの意識、価値観、行動の変化といった多角的な要素に着目することが大切です。

　また、改革のために具体的な活動の例示や、進め方のガイドを示すことも重要です。経験値と直感だけで突き進むと、無意識の

うちに思考や行動が抑制されることがあるからです。

　3つのアプローチによる働き方改革のプロセスの事例に次のようなものがあります。

　まず、政治的アプローチとして「組織的かつ自主的に働き方改革が進む体制作り」を目標とし、社長自らがプロジェクトオーナーとして、各部門のスタッフが総出で推進体制を構築し、役員、経営層の意識を統一するための役員勉強会を開催しました。さらに「何か行動するよりも何も行動しないことが失敗となる」となるように働き方改革が進む仕組みを構築しました。

　次に、心理的アプローチにより、従業員全体が働き方を改革したいという意識を持つように、ノーネクタイの導入やお互いの呼び方の変化といった細かい部分から、経営陣のインタビュー動画を積極的に発信するといったことまで、「会社が変わろうとしている」という姿勢を見せていきました。

　そして論理的アプローチとして部署の生産性を再定義し、「効率的に成果を高めるために何をすればいいか」がわかるようにしたのです。

　この政治的・論理的・心理的アプローチの3つを組み合わせて進めたことで、この企業では各現場の個人に至るまで働き方改革が進むようになったのです。

ポイント

- 働き方を改革するためには、政治、論理、心理的アプローチの3つを同時に適用することが必要
- 仕組みの変化、意識の変化、成果測定の変化を同時に示すことで、従業員一人ひとりの意識も変わり、自然に改革が進行する

壁超え術④　正攻法ではなく人の心理に寄り添う

　人の行動を変えていくために必要になる視点の1つに「心理的アプローチ」があります。行動を変化させ、働き方を改革するためには、外面的な型や場を変えるだけでなく、一人ひとりの意識や価値観、行動原理の変化を促すことが必要になります。

　しかし人は、仕組みや論理にだけ従って動くわけではなく、「感情」によって大きく行動が左右される生き物です。心理学的な視点から感情に訴えかけ、意識変化や価値観の転換、行動変容の後押しをしようというのが心理的アプローチになります。

　人の脳には「報酬系」という回路があり、人が何らかの行動に対して報酬を得たと感じたときに、脳の中で快感を感じる快楽物質と呼ばれるホルモンが分泌されます。それによって快感を得られるとともに、「また同じことをして報酬を得たい」と考えるようになります。

　この脳の特性を利用すれば、何か行動変容を成功させた人を褒め、脳内ホルモンを分泌させ、行動を定着させることができます。「褒めて伸ばす」のが効果的なのはこのためです。

　さらに、何十年も生きてきた人間の意識や価値観の転換を促すには、大きなインパクトが必要です。コロナ禍は人の働き方や生活のあり方に大きな価値転換をもたらし、行動を変容させるために十分なインパクトがありました。「会議はオンラインでもできる」「人が触った物を消毒なしに触りたくない」といった価値観が生まれ、生活様式を変化させました。

　しかし、この行動変容をもたらしたのはコロナウイルスではなく、連日情報を発信していたメディアや、在宅勤務の徹底テレワークなどのこれまでの価値観になかった施策が行われ、それを体験したことにあります。

　これを応用すれば、社内に連日の情報発信を行ったり、明らかに会社が変わったと体感できるような大胆な施策を実践することで、社内の意識や価値観の変化を促すことができるのです。

　これらを組み合わせると、例えば社内の表彰制度なども一考の余地があります。業績を上げた人を表彰する制度を持つ企業は少なくありませんが、その表彰の仕方にインパクトがないと表彰された人もホルモンが分泌されず、それを見ている人の意識にも何の影響も与えません。であれば、やり過ぎなぐらいに表彰式をインパクトのある演出を行うのも良いでしょう。堅いイメージのある会社であれば、それだけで会社が変わろうとしているという印象を与えることも可能になります。

■ ポイント

- 意識や価値観、行動原理の変革を促すためには、心理的なアプローチを行う必要がある
- 人の報酬系に働きかける褒め方、表彰を行って行動変容させる
- 大きなインパクトのある手法で変わることへの興味を高める

情熱の炎の燃えやすさには段階がある

壁超え術⑤　人を可燃性、難燃性、不燃性に分類

　何かのアイデアがあっても、その実現を妨げる困難に直面してしまい、熱い思いが湿気て、熱が若干冷めてしまう「難燃性症候群」という考え方があります。そこに至るまでのステップは次のようなものです。

　多くの人は、過去に自分が得てきた経験や最近知った情報をもとに「こうすればいいのでは」とアイデアを思いついても、それを実行に移す「実行力」を持つことはなかなかできません。

　特に、会社に入ったばかりで改革のアイデアが浮かびやすい新人ほど、アイデアと実行力の差に直面しがちです。会社に入ってきてすぐの頃は、さまざまな非効率さが目に留まり「こうすればいい」「自分なら変えられる」と思うことは多いでしょう。このように、ちょっとしたきっかけで燃え上がり、熱くなりやすい状態を「可燃性が高い」と表現します。

　しかし、若者であるほどアイデアや思いを行動に移すための技術が不足しています。そのギャップに悶々とするのもまた、よくあることです。こうなると、飲み屋で自分の考えたアイデアを延々と語ったり「なぜ会社はこれをやってくれないんだ」「なぜこれ

に気がつかないんだ」と愚痴を繰り返すことになります。これが難燃性症候群です。

　これがさらに進行した状態が「不燃性症候群」です。もう自分ではアイデアを考えることもなく、それどころか周囲の可燃性が高い人の行動や発言を妨げ、まさに水を差して火を消し、次の難燃性症候群を生み出すのです。

　難燃性症候群&不燃性症候群がやっかいなのは、この伝播する性質です。本来であれば、会社などの組織にはどのような考え方をする人がいてもいいですし、必ずしも変革の意識を持ったり、行動したりする必要はありません。しかし、ひとりがアイデアの実現を妨げられてしまったことで、その人自身が別の人のアイデアの実現の妨げになってしまう状態は、組織自体の多様性を損なわせ、次第に画一化した「燃えない組織」となってしまいます。

　これを防ぐためには、アイデアを行動に移せる技や、行動に移すうえで直面する困難を打ち破る技術が必要になります。とはいえ、個人の意識や技術だけで組織の劣化を防ぐことは難しいため、組織自体が、個人のアイデアを実行に移すことを後押しできる仕組みを作ることが必要になります。定期的なアイデアの提案採用制度や、上司を超えて幅広く課題意識や提案を受け付ける、目安箱のような仕組みが考えられます。

ポイント

- 頭の柔らかい若者ほど新しいいアイデアを思い浮かべることができる
- 一方で若者ほどそのアイデアを実現する力が乏しい
- これらのギャップから生まれるのが「難燃性症候群」。悪化すると周囲にも悪影響を与える「不燃性症候群」になる

壁超え術⑥
壁の存在を疑う

　変革に対する壁超えの方法の1つに、壁を乗り越えないというものもあります。これは「本当にその壁があるのか？」と疑うことです。「本当に実行するための資源はない？」「メリットに確信を持つ必要はある？」「ゴールまでの計画は立てないといけない？」と疑問を挙げることで、壁の存在を再確認するのです。

　米バージニア大学ダーデン経営大学院のサラス・サラスバシー教授は研究書『エフェクチュエーション』（碩学舎）で、新規事業創造（イノベーション）に成功したイノベーターに必要な「5つの行動原理」を挙げました。5つの行動習慣を意思決定や判断において適用しており、効果を上げているというのです。これらは、改革につながる（かもしれない）アイデアを行動に移さない、行動できないと考えている自分への問いでもあります。

　「実行にあたって資源が本当にないのか？」という問いは、「手中の鳥」の行動原則で疑うことができます。イノベーターは資源が足りないと思うよりも、「すでに手元にある何らかの資源を活用する」あるいは「一見使える資源に見えないものも、資源とし

て使おうとする」というわけです。

　こうして考えていくと、「実行したくても資源がない」という壁はそもそも存在しなくなり「手持ちの資源で実行に役立つのはなにかという問いが生まれ、自分の状況を詳細に観察できるようになります。」

　次の問いは「実行するメリットに確信がないというが、そもそも自分にとってのメリットは何か？」ということ。「許容可能な損失」の行動原則によれば、そもそもイノベーターは損失が過大でなければ、メリットにかかわらず行動に移します。行動すること自体が欲求＝メリットだと考えているからです。これによって壁はなくなり「実行して何を試したいか」とより建設的に実行に向けた思考を進めることができるようになるのです。

イノベーターの持つ5つの行動原理

手中の鳥	許容可能な損失	クレイジーキルト
手元にある資源を使ってできることからやる	成功した時の利益よりも失敗した時の損失の量に着目し、損失量が許容範囲内ならチャレンジする	周囲の人に働きかけ、パートナーとしてコミットしてもらう

レモネード	飛行機パイロット
トラブルや予期せぬ状況に直面しても、発送を転換してそれをテコに成果へつなげる（「レモンをレモネードにする」ということわざ／慣用句から）	刻々と変化する状況を感撮影、目的地さえ変更しながら状況に応じて自分をコントロールし続ける

ポイント

- 行動の壁は本当に障害なのか疑うことで消滅する
- イノベーターの5つの行動原理で壁が錯覚であるとわかる
- 「資源がない」は「資源は何があるか」、「メリットがわからない」は「実行すること自体がメリット」に変換できる

壁超え術⑦ ナッジ理論を活用する

　行動経済学の理論の中に「ナッジ理論」というものがあります。ナッジとは英語で軽くひじ先でつつく、背中を押すという意味です。このナッジは、行動を指示したり強制したりせずに、ちょっとしたきっかけを与えて本人が無意識で社会的に望ましい選択をするように誘導することが目的です。

　このナッジ理論は、2008年に米国の経済学者リチャード・セイラー教授と法学者のキャス・サンスティーン教授によって提唱された理論で、現代社会も数多く取り入れられています。

　インセンティブ（金銭的メリット）や罰則を使わずに相手の意思決定の癖を利用して行動の変化を促すものであり、ビジネスの世界でも「かごが大きいと、いっぱい入れたくなる」というように消費者の購買をコントロールするために使われているほか、取引先や従業員の行動を良い方向に変えるために利用されています。低コストであり、自発的な行動であることで「強制された」という意識を生まないという点が大きな特徴です。

　このナッジ理論は、志事実現のためにも活用することができま

す。例えば、職場のルールを変更して働きやすくしたいときに、職場のルールを変える権限を持つ課長に雑談のなかで「現状のルールでこの部分があるから困っている」という話をして、ルールの問題点を気づかせる、ということもナッジです。

　課長が行動しなかったときには、課長に聞こえるように同僚と雑談をしている中でその件に触れるという行為や、課長とよく話す同僚にその話をするように促してもよいかもしれません。この行為もすべてナッジとなります。

　ナッジの良いところは、ナッジされた人が自発的に考えつくという点です。提案や要望の形では人はなかなか自分事として行動することができませんが、自分のアイデアだと思えば自腟的に、積極的に動くため、壁を乗り越える改革もスムーズに進行します。

　例えば、決断力に優れたワンマン社長は部下からの進言への評価も厳しいことが多く、ボトムアップで志事実現のための提案を上げても許可が下りるかはわかりません。しかし、この社長とコミュニケーションをとってナッジすることができれば、トップダウンで一気に壁が崩壊する、ということが起きる可能性もあります。

　このように、職場の上司や経営陣などとコミュニケーションを取る機会があれば、ナッジは大きな武器になります。一方で気をつけたいのが、ナッジはあくまできっかけを与えるためにやることであり、意図を見抜かれると大きなマイナスになる点です。

■ ポイント

- 「ナッジ理論」はビジネスの世界でも取り入れられている
- ナッジの良いところはナッジされた人が自発的に考えつくという点
- 企業の意思決定権を持つキーパーソンをナッジできればトップダウンで一気に志事を実現できる可能性もある

気持ちを素直にぶつける伝え方

壁超え術⑧
アサーションも活用する

　人にやさしいコミュニケーションとして近年知られるように
なったのが「アサーション（Assertion）」です。自分も相手も大
切にした自己表現を用いるコミュニケーションで、相手を否定す
ることなく自分の主張を伝える方法です。

　アサーションで大事なのは「率直に自分の気持ちを伝えること」
「相手の主張を否定しないこと」「強い口調などで相手に圧迫感を
与えないこと」などが挙げられます。

　それぞれの意見が異なっても互いの価値観を尊重して、自分の
意見は的確な言葉で伝えるという特徴があるアサーションだと、
壁となる相手も論戦にならずにお手上げになります。

　例えば、決まった時間にパソコンがOFFになるルールを変え
たいときに「困るので強制的にOFFになるルールを変えてくだ
さい」と上司に直談判しても「それは会社のルールだから自分に
権限はない」「そのため過去に何度も同じ要望を上げたが却下さ
れた」などと論破してくるでしょう。

　一方のアサーションでは、最初に変えてほしいと思っているこ

とを伝え、論破されても「上の権限に意見を出すのが大変なことはわかっている」「過去に何度も却下されているので同じことになるかもしれないのは承知している」と伝えたうえで、それでも困っている、変えてほしいと思っているという気持ちを伝えます。上司も、自分の主張をすべて受け入れたうえで気持ちを伝えられると、否定する理由がなくなり受け入れざるを得なくなります。

　アサーションでのコミュニケーションには、勝ち負けがありません。心が折れずに、何度も自分の希望を伝え続ける努力が必要なだけです。そのため、相手が先に折れ、希望に即した行動をしてくれるようになります。

　アサーションは一見すると最高のお願い術に見えますが、否定され続けても訴え続ける精神的な強さと、最終的に受け入れてもらえるまでの間の相手の態度を気に留めない図太さも必要です。そのため、人を選ぶコミュニケーション法ともいえるでしょう。

　デメリットを挙げるとしたら、希望を実現するまでに時間がかかる可能性があること、ひとりでも時間がかかるのに、多数決などの複数の人が相手になると全員を説得するまで相当の時間がかかることです。まっすぐに気持ちをぶつけるコミュニケーションは、大人数相手だと難しいことも覚えておきましょう。

ポイント

- アサーションとは自分も相手も大切にした自己表現を用いるコミュニケーションのこと
- アサーションでのコミュニケーションには、勝ち負けがない
- 心が折れずに、何度も自分の希望を伝え続ける努力が必要

あきらめない心を手に入れる方法とは

壁超え術⑨
メンタルタフネスを鍛える

　法則075のアサーションは、何度も人にアプローチするコミュニケーションでしたが、なかなかうまくいかないと心が疲れてしまうものです。コミュニケーションに限らず、ミスをしたり失敗をして凹むこともあるでしょう。

　そこで必要になるのが「あきらめない心の強さ」です。ストレス耐性という意味で「メンタルタフネス」とも言い換えられます。

　あきらめる、というのは心理学的には怒りの一種といわれます。問題が解決できない怒りやうまくできない自分への怒りを解消できない代わりに、あきらめるという行為に置き換えるのです。

　これは自分の本当の心である「怒り」を閉じ込めることになり、あきらめることを繰り返していると感情を押し殺すという心理的ダメージを軽減するための心の働きによって「無気力」になってしまうこともあります。これが常態化すると「何かに挑戦する」こと自体を避けるようになり、壁になるのです。

　「あきらめの壁」を乗り越える方法として最も有効なのは、スタート時点の怒りを生む原因である我慢の限界値を上げること

す。怒りが生まれるのは「がんばれる限界」つまり我慢の限界を超えてしまったとき。この我慢の限界値は心の余裕とも言い換えられますが、うまくいかないときほど心の余裕がなくなっているでしょう。

　自分を客観的に見られないほど焦ったり、誰にも相談できないと孤立感を抱いたときには、心の余裕を持つことはできません。逆に、自分を振り返る十分な時間があったり、相談相手がたくさんいる場合には、課題にも余裕をもって接することができます。

　自分を客観的に見つめるのに適しているものの1つに日記があります。毎日自分の身に何が起きたのかを振り返ることで、そのときの自分の感情や「こうしよう」と思ったことなどを思い出し、自分のことを客観的に見られるようになります。日記のよいところは、書くために自分の感情などを整理できることです。

　相談相手がいるというのも、がんばれる限界を上げるのに有効です。相談相手は、職場以外で関係のある家族や友人、サークルなど自分が所属する集団の相手がオススメで、これは自分が所属する集団＝価値観の共有ができている集団のため。相談相手がいる集団の数が多いほど、心の余裕を持てるようになるでしょう。

　このように心の余裕を持てる環境を自分で作ることが、がんばれる限界値＝メンタルタフネスを高めることになるのです。

ポイント

- 「メンタルタフネス」とは「あきらめない心の強さ」のこと
- 「あきらめる」というのは心理学的には怒りの置き換え行為を指す
- 「あきらめが常態化すると無気力になる
- 日記をつけたり、所属集団を増やすことでメンタルタフネスは高まる

壁超え術⑩
エフェクチュエーションを活用

法則073ではサラスバシー教授が『エフェクチュエーション』で紹介したイノベーターの「5つの行動原則」を適用することで、実行を妨げる壁を疑うことを紹介しました。「資源がない」という壁は「実行するうえで使える資源を見出す」という問いに変えることができ、「実行することで得られるメリットが明確ではない」という壁は「何を実行して試したいか?」という問いに変えることで、実は壁は錯覚だったと気づけるというものです。

「計画が立てられない」という壁は、「そもそもゴールまでの計画が立てられるようなことをしようとしているのか?」という問いに変えられます。

新規事業などのイノベーティブなものごとを進めるためには、刻々と変化する状況を観察し、目的地さえ変更しながら状況に応じて自分をコントロールし続ける「飛行機パイロット」の行動原則のように柔軟に活動内容を変更し、時にはゴールの定義すら変更する必要があります。つまり、重視するのは計画ではなく「対処(コントロール)」という考え方で、「計画を立てる必要はない」という結論に置き換えることができるのです。

　このように「計画が立てられない」という状態は、「状況に応じて自分でコントロールできる余地が多い」という見方に変えることもできます。また、行動を妨げている壁とは固定観念が生んだ幻想に過ぎず、その存在を疑って自問することで、逆に行動を後押ししてくれる理由になりうることもわかるでしょう。

　改革を妨げる壁という固定観念を見直すことで、実は手元には使える資源や機会があることも認識できますが、その資源の1つである「人・ヒト」を使うためのテクニックの1つに、周囲のヒトなどに働きかけ、自らの目的のために資源化する（ハックする）があります。よくある「上司が反対する」「上司を説得できない」という壁には、上司をコントロールする「ヒトハック術」が有効です。

　その方法は、まずは提案ではなく対話をして「共犯者」にしてしまうことです。許可を得るために提案すると「何らかの判断をしなければ」という思考になりますが、対話の中でアイデアの上乗せ役として「共犯者」にすると、上司自身が実行のための手助けをしてくれるようになります。上司の役割が「提案をチェックして可否判断するだけ」から「困っている部下の実行を後押しするために支援する」という役にランクアップし、より強力な共犯者になってくれるからです。

ポイント

- 壁は状況に応じて自分でコントロールできるものに置き換えできる
- 固定観念を見直して手元で使える資源や機会があることを認識する
- 「ヒトハック術」で上司を資源化する
- 変化のための提案は、上司を「共犯者」にする

壁超え術⑪
試すことに価値を見出す

　法則012の労働生産性計算式のワナの説明でも取り上げましたが1990年代・2010年代の働き方アップデートを通じて重視されてきたのが「時間を短縮する」「効率よく成果を上げる」ということです。目標としては問題ありませんが、この２つを実現するために犠牲にされてきたものがあります。それが「挑戦」です。

　新しい考え方・技術・やり方などに挑戦することは、未来の価値を生むために不可欠なものです。旧態依然、現状維持ではどんなビジネスでも衰えていきます。

　しかし一方で、挑戦は成果が出るかどうかは試してみないとわかりません。さらに、試した結果うまくいかなければ、時間を浪費したことと同じです。そのため、日本経済が不景気に突入してからは、コスト（時間・人・お金）に見合うかわからない挑戦は避けられてきました。その結果が現在の日本なのです。

　一方で、果敢に挑戦した結果、グローバル企業として大きく成長したGAFAのようなスタートアップもあります。成功したスタートアップの多くが採用しているのがOODAループです。

　これは「観察する」「仮説を立てる」「決定する」「実行する」という4つの段階を高速でループさせる意思決定を行うプロセス。「市場に注目して仮説を立てて、やり方を決めたら実行して、様子を見て仮説を立てて……」と、やりながらどんどん変化させていくというものです。

　OODAループは「やってみる」という試行が大前提です。成功するかどうかの前に「うまくいくかどうか、やってみて判断しよう」ということが当たり前のため、試行（挑戦）が失敗しても「うまくいかないことがわかった」という結果にすぎません。「ダメだったか。そうか、よくやった」というように、むしろ試行を実行したことに価値を見出され、評価されます。

　企業、または職場でOODAループの意識がないところでは、挑戦を評価される土壌はありません。それを作っていく一番の方法は、やはり成功実績です。OODAループを回して挑戦を成功させ、それを積み上げていくことで有用性を証明する必要があるでしょう。挑戦が評価されない職場では、失敗すると評価が下がります。これを避けるためには「通常の仕事を効率化して時間を作り、生み出した時間でこっそりOODAループを回して取り組む志事を成功させる」という流れがベストでしょう。失敗しても評価は下がらず、成功したら報告すればいいのです。

ポイント

- 時短や効率化を実現するために「挑戦」は避けられていた
- ビジネスの世界でも未来の価値を生むために挑戦は不可欠
- 試行（挑戦）が前提のOODAループは、実行することに価値がある
- 挑戦が評価される土壌作りのためには成功実績を見せるのが一番

1本のハンマーより無数のフォーク!

壁超え術⑫　すでにある 使えるものは使い倒す

　企業や組織の変革方法には、大きく分けるとトップダウンとボトムアップがあります。

　トップダウンは、企業の経営陣などからの業務改革などに取り組むことですが、「上からの業務命令」というイメージが強く、個人の意識まで変革するのが難しいのが現実です。

　一方のボトムアップは、個人から職場、職場から部署、部署から全体といったように、低いところから変化が広がっていく方法ですが、個人の改革が企業全体の変化へと発展していくためには組織の壁などを乗り越えなければならないという問題があり、実現は難しいと思われがちです。しかし、本当にそうでしょうか?

　「志事のために」という、個人から発信する改革の前には組織の壁が立ちはだかり、どんなに素晴らしい改革案(ハンマー)でもひとりで壊せるのは一部分でしょう。それも、いつの間にか元通りに修復されてしまうこともあります。大きな企業になるほど既存のままを望む抵抗勢力は強く、変化を元に戻そうとする動きも強いものです。

　このとき大切なのは、一人ひとりは小さなフォークのような影響力しかなくても、改革の意思をもった大勢の人が同時に壁を削ること。人数が多くなれば大きな力になります。皆で崩した壁であれば大勢の人が注目しているため、抵抗勢力がこっそり元に戻そうとしても誰かに見つかり、その企みを阻止することができるでしょう。

　志事探しはひとりでもできるものであり、小さなものであれば、周囲を巻き込むといったひとりの努力で実現できるかもしれません。しかし、その志事が及ぼす変化の影響範囲が大きくなれば、やはり実現するためには多くの人の力、組織の力が必要です。

　個人が組織を動かすのは難しいと思うかもしれません。でも、その壁は本当にあるのでしょうか？　「組織が動くのであれば自分でなくてもいいのでは？」という問いに置き換えれば、別の方法も現れます。動かす力を持つ人（経営層）に提案する、という考え方であれば従業員からの意見を吸い上げる制度を利用することもできるでしょう。また、組織を動かす労働組合のような組織に相談する、という手もあります。

　大きな組織になるほど、実はこういった制度や仕組みなどもあります。新しいものや制度を生み出すといっても、すでに存在しているものを使ってはいけないということはありません。

ポイント

- 組織の変革方法にはトップダウンとボトムアップがある
- 「大勢でフォークで削る」改革でも壁は崩せる
- 「ひとりだと壁は壊せない」というのは思い込みの壁
- すでにある制度や仕組みなどを利用することも考える

　成功するための道筋は1つではない

壁超え術⑬　志に素直なら
目的すら変えられる

　志事を実現させるための最後の壁となるのが、実現させるための目標自体ということもあります。意外かもしれませんが、「志事を実現させる」という目的のために立てた目標が志事の実現を阻むことがあるのです。

　「おもしろいことをやる」という大きな目的のためには、実現するための手段として「○○を成功させる」という個別目標を立てます。しかし、この個別目標が成功しないこともあります。「大きな目的を実現するためには個別目標の達成が必要」という段取りだと、個別目標の失敗＝目的の失敗となってしまうのです。

　このような例は、企業の組織改革や働き方改革でも多く、PDCA（計画・実行・評価・対策）で改革を進めようとしたケースによく見られます。

　PDCAは目的のために入念な計画を立てて個別目標を設定し、案を実行しますが、計画の時点で多くのコスト（時間・ヒト・お金）を投下しています。その結果が失敗、つまりコストの浪費とわかると、対策では失敗をカバーする案を出すに留まることが多

く、個別目標の達成のための案へと変質してしまうのです。

　本来の目的から個別の目標を達成することに重点が置かれるようになると、個別の目標達成がゴールになってしまいます。

　いい例が、コミュニケーションの活性化を目的としてICTツールを導入し、ICTツールの利用方法をマスターすることを個別目標としたケースです。使い方の普及のために時間を費やしているうちに、ICTツールは置物のような扱いになり、誰も使わないままで常態化してしまい、目的の達成に至りませんでした。

　このケースで必要だったのは、ICTツールの利用法の習得という個別目標の完遂にこだわらず、ICTツールを使ったコミュニケーションの場を作り出すこと。つまり、「使いこなせなくてもICTツールを使ったコミュニケーションの場に全員が参加する」というように個別目標を変えることでした。

　皮肉なことに、コロナ禍によって「苦手であろうが参加しなくてはいけない」という状況になって個別目標が達成され、オンライン会議は普及しました。

　「目的実現のためなら目標を変えてもいい」というのは、真面目な人ほど思いつかないものですが、「目的実現のためなら手段はどう変えてもいい」と言い換えれば納得できるでしょう。

ポイント
- 「目的達成のために個別目標の達成が必要」という考えが失敗を生む
- PDCAだと、個別目標の達成が目的化してしまうことがある
- 個別目標の達成に時間がかかりすぎると目的達成が困難になる
- 「目的実現のためなら手段はどう変えてもいい」と考える

あなたの壁超え力のレベルは?

- ☐ 枠組みにはまらない考えを持つ

- ☐ 既存の仕組みの改善も重要視

- ☐ 改善の計画には5W2Hを

  設定PREPや5W1Hを活用

- ☐ 大きな変革は多くの人と起こす

- ☐ 困難は本当に困難なのかを考える

- ☐ ナッジを効果的に活用する

- ☐ アサーションを心がけている

- ☐ 仕事に「挑戦」を取り入れる

- ☐ 新挑戦にはそれだけで価値がある

- ☐ 目的実現の手段は変えてもいい

第6章

働き方アップデート
実践例

- Practical example -

働き方アップデートで自分の働き方を変えることができたら、
組織全体の働き方にも注目しましょう。ひとりでは難しくても
組織なら変えられることもあるかもしれません。実例から組織
を変える上手なやり方を探してみましょう。

働きにくさにつながる深刻な問題

会社とのエンゲージメントは
見えにくい問題

　「私の働き方改革」を進め、従業員すべてが志事を実現できる
ようになるのが理想ですが、そういった企業になるために重要に
なってくるのが「エンゲージメント」です。

　エンゲージメントとは、元々「契約」「約束」といった意味ですが、
ビジネスでは従業員の会社に対する「愛着」や「思い入れ」といっ
た意味で使用します。従業員の企業に対する貢献意欲や業績の向
上につながるため、従業員エンゲージメント向上というのは企業
にとっても非常に重要な課題として扱われます。

　しかし、企業として見えやすく、すぐ取り組める戦略や組織体制、
システム、制度・ルール、業務プロセス、業務環境などとは異なり、
エンゲージメントは見えにくいため解決が難しい問題です。

　従業員エンゲージメントが低い会社では以下のような問題が起
きがちです。
・都合の悪い情報は言わない
・ホウ・レン・ソウ（報告・連絡・相談）のうち相談がない
・忖度して働きかけを行わない

・目の間の仕事以外に関心がない

・自分で考えようとしない

・言われないとやらない

・企業が目指す姿が共有されていない・共感されていない

　どの問題も日常業務を「こなす」だけなら問題にはならないかもしれませんが、志事がしやすい環境とは言えません。逆にエンゲージメントが高い会社では以下のようなことができています。

・会社のビジョンを考えたり、実践する機会を提供

・自分たちで自律的に仕事を見直す機会の提供

・オフィス環境の整備・快適化

・自己成長・スキルアップや多様な経験を積むことの後押し

・一人ひとりの多様性を伸ばす・ほめる・認める仕掛け

　志事実現のためには個人から発信するということが大事ですが、同じくらい企業側が変化する個人を支えるために環境を変えることも大切です。

　エンゲージメントの低さが原因で働きにくいと感じている場合は、志事の場作りのための第一歩として、実際の企業が行っている法則082以降の事例を参考に「エンゲージメントが低い職場の雰囲気を変える」という改革を提案するのもいいでしょう。

ポイント

● エンゲージメントが低い会社には見えにくい問題が多い

● エンゲージメントが高い職場では働きやすさを実感できる

● エンゲージメントを高めるのは志事の場作りの第一歩になる

● 志事がしやすい環境作りには企業側の取り組みも必要

ビジョン事例①
ビジョン浸透・ワガゴト化

　企業理念（ミッション）は企業設立時の目標なので変わることはほとんどありませんが、企業ビジョンは時代にあわせて変化していくものです。そのため、ビジョンがうろ覚えだという人も多いでしょう。しかし、企業ビジョンこそ日々の業務につながる目標のため、すべての従業員が共有・共感しなくてはいけないことです。とはいえ、自分の業務で手一杯だったり、「余計なことは考えたくない」と思って、ビジョンと自分を結びつけて考える人はそれほど多くはないでしょう。このギャップを埋めるためにある企業が実施したのが「ビジョン語り」の開催です。

　このビジョン語りは、年に1回、会社のビジョンについて考える機会として部署ごとに行われているもので、各自の発信力の向上やお互いのパーソナリティの共有化を図っています。

　発表は「会社理念に沿って、自ら挑戦したこと・やりたいこと」をひとり15～30分の持ち時間で行うもので、「昨年の内容と同じになってはいけない」というルールの下で、一人ひとりが行ったことや考えたことを語るという形式です。

　企業理念に沿った挑戦について語るため、会社のビジョンを再認識し、自分の行動と理念を結びつけて考えるよい振り返り習慣といえるでしょう。また、「理念という枠のなかで挑戦できることは何か」いうのは普段の業務の範囲での志事探しにもつながります。つまり、企業ビジョンが自分事「ワガコト」化するのです。

　このビジョン語りの仕組みの利点をまとめると以下の通りです。
・企業理念・ビジョンについて個人レベルで考える機会が増える
・発表するためにまとめることで志事が明確になる
・企業理念・ビジョンがワガコト化する（志事になる）
・パーソナリティ（考え方・志向）が共有され互いの理解が深まる
・志事を積極的に進めることができ、企業にもプラスになる

　そのほかにも、個人レベルでのメリットには、資料作成能力やプレゼン力、発信力の向上といったものが挙げられます。企業側のメリットには、新事業のアイデア発掘、業務改善の具体案の発見などもありますが、何よりも企業理念・ビジョンの浸透が進むことが一番です。
　企業理念・ビジョンは「何のために働いているのか」という疑問への答えです。その答えを一人ひとりの社員が意識しているため、業務に取り組む意識が大きく変わるのです。

ポイント

- 年に1回、企業理念・ビジョンについて深く考える機会がある
- 企業理念・ビジョンが自分事になり、自分の業務への理解が深まる
- ビジョン語りで志事を発表することで周囲の理解が得られやすい
- 志事をがんばる＝企業への貢献というWin-Winの関係になる

ビジョン事例②
ブランドの導入

　「企業として社会にとってどういう存在でありたいのか」「その企業で働いている自分はどうなりたいのか」「そのために何ができるのか」など、企業にも働く従業員にも目指している姿があります。両者の方向性が近ければ従業員の働きやすさや働きがいも増し、会社の成長にも大きく貢献できるでしょう。

　従業員と企業の目指す理想像を重ね合わせるのに重要なのが、企業のブランド（姿勢）の定義です。ブランドとは、その企業が社会にとってどのような存在でありたいのか、どうなりたいのかを表したものです。打ち出したブランドを中心に様々な取り組みを行っている製造会社の例を以下で紹介していきます。

　多くの製造業の会社は、ポスターを作る際に自社の製品や関連があるものをポスターに掲載します。しかし、この会社では自分たちの製品ではなく、企業ブランド（企業姿勢）を中心にして、その周囲を従業員の写真が囲むようなポスターを掲載しました。ブランドイメージをポスターで大きく打ち出すことで、社外に「企

業としてありたい姿（ブランド）」を伝えたのです。

　従業員にとっても、会社の目指す方向が目に見える言葉にされたことで、目指すブランドがはっきりとしました。また、従業員の写真が掲載されたことで「従業員がブランドを支えている」という自信にもつながったのです。

　「自社ブランドを達成するために自分に何ができるか」を考えるためには、日々の業務に圧迫されない時間、つまりある程度の余裕が必要です。そこでこの企業では「3Sタイム」を導入しました。3Sとは「整理」「整頓」「清掃」の3つの頭文字を合わせたもので、職場の無駄を減らすためにこの活動を行い、余裕を作り出すようにしたのです。

　この会社では、研修のペーパーレス化や電子版のマニュアル制作、会議の改善などを立案、実行。また、毎日10分の「3Sタイム」では過去の資料の把握と整理を行い、過去の使える資料を分類分けしておき、すぐに使えるように整頓しています。無駄のない再利用ができ、資料をゼロから作る時間を減らすためです。

　また、ブランドの浸透だけでなく、ワークライフバランスにも力を注ぎました。帰宅後に着替えてジムに行く従業員の時間のロスを減らすため社内にランニングマシーンなどを設置。昼休みなどの時間にもリフレッシュのための運動ができる環境を整えました。

ポイント

- 企業ブランドを打ち出すことで、「企業が何を目指しているのか」を社内外に見える化できる
- 「ブランドのために何ができるか」を考える時間が必要になるため、業務中の無駄を減らして時間を確保する仕組みを実施

積極的にアップデートできる環境作り

自律的見直し事例
シゴトダイエットプロジェクト

　経営陣などがいくら職場の環境改善を計画しても、実行する現場の従業員が自分事として受け取れなければ、実質的な環境改善とはなりません。そこである企業では自主的、かつ積極的に仕事のアップデートが行える環境を「シゴトダイエットプロジェクト」によって作り上げました。

　このプロジェクトでは、あえて全体で大きな改善への取り組みを行うのをやめ、各課で任命された改善推進委員が改善案を立案し、その課内で3か月というスパンのなかで改善案を実行する形を取り、優秀な事例は表彰するようにしました。

　会社全体を巻き込んだ長期の改善プロジェクトは、たしかに大きなアップデートになる可能性もあります。しかし、大きな会社になるほど、従業員一人ひとりが自分事として捉えることが難しく、改善案が形骸化する可能性があります。

　それを防ぐためにあえて課ごとの取り組みにして、自分も改善プロジェクトの一員だという意識を保ちやすくしたのです。取り組みに対する現状把握がしやすいというメリットもありました。

　また、3か月という改善期間の区切りを設けたのは、良い取り組みはそのままに、結果が出なかった取り組みはストップ、と柔軟に切り替えができるようにするため。これにより、「結果が見えにくい」「いつまでこのプロジェクトを続ければいいかわからない」といったモチベーションの低下を防ぐことができました。

　優秀事例を表彰することは、改善案の立案者にとっては大きな褒賞となり、「次も立案しよう」という動機づけにもつながります。改善案の実行メンバーにとっても「自分のやってきたことが認められた」という自信につながり、続けて取り組みやすくなります。「どれだけの改善効果があったのか」の集計は、結果がわかりやすく、ほかの課への周知にもなり、積極的な導入を促す効果もあります。結果として周囲に広がり、会社全体への変革をもたらすため、「小さく試し、変化を広げる」方法は非常に有効的なのです。

　企業側も仕事の改善提案が活性化するようにガイド作りやセミナー実施を行って、従業員一人ひとりが主体性のある仕事改善ができるようサポートしていますが、あくまで改善案を立案して実行に移しているのは改善推進委員や個々の従業員。「上に言われたからやっている」ではなく、「自分たちで改善し、その結果が出ている」という実感をしっかりと持てていることで、自らでアップデートしようという考えにつながっているのです。

ポイント

- 課ごとに改善案を出して実行し、3か月ごとに結果を報告している
- 少人数で改善に取り組むことで自分事として捉えやすい
- 企業側も改善の活性化のためのセミナー開催やガイド制作で協力
- 「自分たちで考えた改善案」という意識がやる気につながっている

環境快適化事例①
フリーアドレス成功例

　せっかく多くの人がいるのに、話をするのは自分の席の周囲ばかり……職場の人間関係が固定化されることは、会社にとっても従業員個人にとっても「もったいないこと」。そんな状況を解決する手段の1つとしてコクヨファニチャーの実践しているのが職場の「フリーアドレス」化です。

　フリーアドレスとは、従業員が固定の席を持たず、職場内の好きな席で働くことができるオフィスのスタイルのこと。職場をフリーアドレス化するメリットは、職場のなかで常に部署を超えたコミュニケーションが生まれる点です。

　従来のように自席という概念がなく、好きな場所に座れるフリーアドレスでは、隣に座る人が別部署や普段話す機会のない相手であることも少なくありません。そうした相手とコミュニケーションを取ることで、これまで自分が知らなかった別部署の仕事や、話している相手の人物像を知ることができます。

　それだけでなく、まったく別の視点を持つ人と話すことで、固定観念を覆すような思わぬアイデアが生まれることもあります。また、同好の士や尊敬できる人が見つかり、職場でのいい関係性

が増えることにもつながるかもしれません。プラスの効果をもたらす「偶然の機会」が生まれやすい職場環境というのがフリーアドレスの職場の大きなメリットです。

　その日の働き方に合わせて、柔軟に職場環境選びをできるのもメリットの1つ。例えば作業に没頭したい日には人通りの少ないブース席、新しい発想を取り入れたいときには人の集まるコミュニケーションエリアで別部署の人とアイデア交換しながら、といったように、目的にあわせて席を変えることができるのです。

　また、暖房・冷房や光の当たり方など、最適な環境も人により違いますが、フリーアドレスなら自分のコンディションに合わせた席を選ぶことができます。

　固定化された席だと当たり外れがあり、例えば「自分だけブランケットがないと寒い」など場所に合わせなければいけないことも多くありました。フリーアドレスなら日当たりやエアコンなど、自分が好きな環境を選ぶ自由があります。

　席を私物化する人がいる、席を汚して放置する人がいる、といったフリーアドレスならではの問題もありますが、ルールで縛ると意義を損なってしまいます。成功例で共通するのは「フリー」であることの意味が共有されていること。「自分勝手にできる」という意味ではないことを一人ひとりが理解しているのです。

ポイント

- フリーアドレスとは、職場の席の自由化のこと
- 職場内の普段話さない人とも交流が生まれやすく、そこから新しいアイデアや課題の打開策が生まれることもある
- ルールで縛りすぎず、あくまで自主性を尊重する

環境快適化事例②
風土・業務・オフィスを改革

　従業員にとって職場環境は非常に重要です。この環境にはオフィス自体はもちろん、人とのつながりや業務の風通しのよさ、社風といった働いている従業員を取り巻く、あらゆるものが含まれます。では、従業員にとってより良い職場環境とは、どういったものなのでしょうか？　とある食品メーカーの例をご紹介します。

　この企業で特に挙げられたのが会議の改善、ペーパーレス化、コミュニケーションの活性化。これらは改善の中心となる重要案件であり、常に議論の中心となっていました。

　その中で提案された内容を元に、社内環境改善のための具体的な計画「Off・is」プロジェクトが始まりました。そこで制定されたのが以下の「３つのOff」です。

「無駄削減・環境整備」の３つのOff
①壁のOff………部署・オフィスの壁を極力取り払う
②紙のOff………ペーパーレスでコスト削減
③時間のOff……On/Offのメリハリある業務時間の効率化

　①の施策は、部署を超え、交流がより図れるように考えられたものです。新本社では部署を隔てる壁が少ないオープンなオフィスとなっています。②の施策は、1年間で印刷量の7割減という大幅なコストカットに加え、補充用の紙を置くスペースの削減にも成功しました。③の施策では、残業時間を減らす試みだけでなく、育児や介護との両立を実現するための時間単位の有休制度も導入されるなど、「細かいニーズに合わせた休暇の取り方を選べる」という環境を作り上げました。

　「Off-is」プロジェクトの「is」は、働き方の3つのビジョンであり、標語にも取り入れられています。

「働き方のビジョン」の3つのis

Ishin（維新）…これまでにない新しい仕組み、風土づくりを

Isshin（一心）…メンバーの思いを1つに、そして社内の思いも
　　　　　　　　　1つに

Isshin（一進）…一歩一歩着実に、確実に進んでいく

　「改善するべき3つのOff」「ビジョンとなる3つのis」をプロジェクトという形で見える化したことで、従業員にとって目指すものがわかりやすくなったのです。

ポイント

- 職場環境とはオフィスのつくりだけではなく、働いている従業員の雰囲気や社風も含まれている
- オフィス移転など、環境に大きな変化があるときは職場環境を改善する大きなチャンスになる

成長支援事例
好きに研究できる時間を提供

　与えられる日々の仕事をただこなすだけでは、なかなか新しい発想は生まれません。また、業務に対するモチベーションも低下してしまいがちです。そこで仕事の中にイノベーションを生み出すための取り組みが、世界中の企業で考えられています。

　とある海外企業の研究所では、勤務時間の15％を使って自分の好きな研究テーマを研究することができる「15％ルール」という取り組みが行われています。

　8時間勤務であれば72分、1日1時間12分も研究の時間が与えられるということ。この時間に行う研究には企業の設備や資源を使ってもOKで、企業のリソースを使ってひそかに好きな研究を進められることから「ブートレッキング（密造酒作りの意味)」とも呼ばれています。

　このルールを利用した研究には以下のようなものがあります。
・一度失敗（開発停止）になったテーマを個人で継続
・自分の部署の対象領域ではない「好きなこと」の研究
・自分が将来性を感じる、新しいことの研究

「好きなことを研究していい」というのは、研究者にとっては天国のようにも聞こえますが、仕事の時間と研究のためであればリソースを使ってもいい代わりに、その成果も求められます。

また、この取り組みは、ただ「好きなテーマで好きにリソースを使って研究してもいい」というものではなく、「これまでにない、世の中に生み出すイノベーションを起こす努力・創造をしなさい」という意味が込められています。非常にクリエイティブで、社会的な責任がある研究なのです。

好きなことを仕事に結びつけることで「やりがい」になり、そこで成果を出せれば「自信」にもつながります。自分で研究テーマを選び、主体性を持って普段仕事で関わっている領域外のことを研究するのは、新しい発想を生み、視野と経験を広げるいい機会です。

そこで得た知識や成果は、普段の業務だけでは決して得ることのできなかったものになり、本人にとって、そして企業にとってもかけがえのない財産になり得るのです。

メイン業務とは異なることに取り組むことでリフレッシュにつながることも、日常の業務にプラスの効果をもたらします。同じ研究・業務を長時間続けるよりも、好きな研究をする時間を挟んで業務を切り替えることで、集中力も持続するのです。

ポイント

- ある海外企業の研究所では、従業員が業務時間の15％を使って好きなテーマで仕事・研究できる「15％ルール」が存在する
- 自由を得る代わりにイノベーションを起こすことが求められる
- 研究内容は自分次第であり、主体性を持って進めることができる

能力アップ支援事例
自己研鑽を促す学び支援

　今までの仕事の範囲内だけではなく、広く社会にアンテナを張ることで「自分の選択肢」を増やすことができます。今自分に必要なことだけでなく、興味があること、注目していること、さらに興味の範囲外のことまで、学ぶことで可能性はどんどん広がっていくのです。そうした自己研鑽の場を企業が提供することで、働く従業員たちの成長を促している取り組みを紹介します。

　文具メーカーとして有名なコクヨでは、積極的に従業員が学べる環境を作るための学習支援の取り組み「PLAY WORK」プロジェクトを行っています。PLAY WORKとは、「まずは自分たちが楽しく生き、その上で仕事をしよう」というコクヨの働き方のビジョンでもあります。

　このプロジェクトは、特設サイトで使うことができる独自のマイレージポイントを発行し、ポイントを使って様々な福利厚生を受けられるというもの。ポイントは業務外の自己研鑽学習や健康維持のためのトレーニングなどで貯めることができます。自分の

可能性を広げることに及び腰になっている人でも一歩目を踏み出せるように、インセンティブ（報酬）を準備したのです。

　自己研鑽、自己学習で一番のネックとなるのがこの動機づけですが、そのきっかけ作り、動機づけをプロジェクトが担うことで、自ら学ぶことを後押ししました。「自己研鑽の楽しさに気づき、成長すること」を期待し、自主・自立の手助けをすることで企業全体の利益につながることを狙った仕組みでもあります。

　また、学びを実行した個人だけで成果を終わらせず、周囲とナレッジ（知識）を共有するための取り組みも同時に進めています
　PLAY WORKでは「マナビシェア（学びシェア）」の項目があります。自らの学びの内容を文章化して共有すると、他の人からポイントを送ってもらえる仕組みです。ポイント目当てもあってか、この制度を使った共有が積極的にされるようになりました。

　共有することを前提にして学びを進め、活動の中で学んだことを反芻し、文章にして相手に伝えることはまさに「アウトプットベースでインプットする」ことです。「どのように伝えるか」「どのようなことが仕事で使えるか」を考えながら学ぶことは、普段の生活の中で様々な情報へのアンテナを張りながら行動するトレーニングにもなるのです。

ポイント

- コクヨでは自己研鑽、トレーニングによってマイレージポイントをためることができる「PLAY WORK」プロジェクトを行っている
- 学びの共有には、そのまとめを読んだ相手だけでなく、まとめるために内容を反芻した本人にもいい効果がある

多様性育成事例 モチベーションアップ支援

改革は自分のためであっても、ゴールが見えないまま行動し続ける難しいことです。一方、実施した改革行動に対して見える形で成果が出るのは、モチベーションを維持する強い動機になります。

改革行動のモチベーション維持のためにコクヨでは、年に1度「いいね!アワード」という表彰イベントを行っています。このアワードでは「ベストリーダー(理想の管理者)」「イノベーター(改革的行動の実践者)」「ホスピタリティ(縁の下の力持ち)」「ネバーギブアップ(じっくりなにかをやり遂げた人物)」の4種の「目指すべきワーカー像(ビジョンパーソン)」が従業員による投票で選ばれ、表彰されています。

このイベントのメリットは、周囲がしっかりと見ていてくれることが実感できることで、改革のモチベーション維持に役立つこと。また、やり方がわからなかった人も実例から学べたり、ロールモデルとなる人を発見できたりするのも特長と言えるでしょう。

この投票という参加型イベントはまた、「誰が、何をしているのか」の『know who』が社内に広く共有されることや、社内のタテ・ヨコ・ナナメを超えた社内でのコミュニケーションが増え

るきっかけとなることも狙ったものなのです。

　また、日本有数の規模を誇るある電機メーカーでは、社内報やイントラネット（社内サイト）に連載枠を設け、定期的に職場の働き方改革の実践事例や実践者のインタビューを掲載しています。

　海外支社を含めて総従業員が非常に多い企業になると、コミュニケーションも支社内に限られ、ほかの支社や本社とのつながりは薄くなりがちです。それをつなぐ社内報やイントラネットは非常に注目度も高く、そこで掲載されることにより、横のつながりを広げるきっかけ作りにもなっています。

　また、記事内で業務アップデートの成功事例をしっかり紹介しているため、業績アップのための取り組みをほかの支社でも簡単に真似ができるのも大きなメリットです。

　改革の意欲が高い実践者を正当に評価すると、本人のモチベーションを維持できるだけではありません。「しっかり見て、評価してくれる会社だ」という印象を多くの従業員に与えることができ、従業員エンゲージメントを向上させるという効果もあります。

　これらの事例のように、やる気ある従業員のモチベーションを絶やさないためには正当に、そして周りにもわかる形で評価することが大切なのです。

ポイント

- 自分改革を進めた人物を評証するイベントは効果抜群
- 他人に評価されることはモチベーションの持続につながる
- 社内のつながりを生むきっかけにもなる
- 大企業ほど従業員の取り組みを見ているという広報は必要

プロに外注して時間効率をアップ

超過勤務対策例
コンシェルジュに作業を外注

　データ作成に連絡、資料の共有など、日常的な業務の中には様々な作業がありますが、ときに外部に作業を依頼する「アウトソーシング」も企業全体の生産性を上げる有効な手段になります。

　日本を代表する通信会社では、資料制作・共有化を代行する「コンシェルジュ」を設け、アウトソーシングを実施しています。

　アウトソーシングのためにまず行ったのが、社内資料作成フォーマットや書き方を標準化し、マニュアル化することでした。最初に資料の規格統一を進め、どのように資料を作るのかわかるようにマニュアル化したことで、外部に委託した際でも完成度の高いデータが作れるようにしたのです。

　作成途中の資料をコンシェルジュに渡すと新しい規格に沿った資料を作ってもらえる仕組みで、個人の資料作成時間を大幅に軽減することに成功しました。

　文体や細かな体裁修正など、時間を取られがちな作業をプロに任せることで、余剰時間が生まれるようになったのです。これにより、ひとり当たり月に38時間を占めていた資料作成時間が25時間にまで減り、別の仕事に取り掛かる時間を13時間も捻出できる

ようになったのです。13時間×従業員数で換算すると、膨大な時短といえるでしょう。

　また、規格を統一し、資料作りに精通したコンシェルジュに資料の作成を依頼したことで伝わりやすさもアップしました。同時に、過去の資料データを新たな規格に合わせて整理するリメイク作業もコンシェルジュにアウトソーシング。社内サーバーに残っていた膨大な古いデータを見やすく、取り出しやすくしてもらったことで、業務の効率化にも役立ちました。

　コンシェルジュに作成してもらった資料のデータは社内の共有サーバーに保管・整頓し、いつでも既存の資料をすぐに取り出すことできる仕組みになっています。さらに、作成データを組み合わせた資料を手軽に作ることができるようになりました。

　これは規格の統一からデータのリメイクまで、作業を外注化したことで社内のリソース（時間・ヒト）を使うことなく、過去のリソース（データ）を活用することができるようになった例の1つですが、必ず発生する繰り返しの工程を外注化するのは、将来にわたっての時間削減となります。その分、生産性を上げる活動に時間を使えるのは大きな収穫といえるでしょう。

　絶対にやらなければいけない作業と、ほかと協力してできる作業を見極め、分業するというのも効率化の1つの手と言えます。

■ポイント

- 資料作成・共有を代行する「コンシェルジュ」が効率化に有効
- 資料の規格を統一し、現在の資料作成や過去の資料のリメイクをコンシェルジュが担当。資料作成時間が将来にわたり大幅に短縮
- 規格を統一したことで、過去データの組みこみやすさもアップ

ツール改革事例
自動化で大幅時短を実現

　特にデジタルツールの発展は近年目覚ましく、ビジネスの現場でも導入・活用されている事例が多くあります。新しいツールの導入やツールの機能の活用、ツールの使い方の改革をすることで、貴重な業務の時間の無駄を減らすことにもつながります。

　ある企業ではたった1つの業務にツールを導入することで、年間400時間もの業務時間を創出することに成功しました。

　どの企業でも行われるのが帳票作成の作業です。この企業でも、システムからダウンロードし、生データから不要なデータを削除し、合算し、色分けをしてから体裁を整えて……と、習熟して作業スピードが上がっていても、週に2時間ほどは時間を取られていました。これを改善するためにこの企業が行ったのが自動化です。

　クリック1つであらかじめ設定しておいた操作手順をパソコンが実行するマクロを活用し、帳票作業の流れを自動化。従来2時間かかっていた作業を一瞬で終わるようになり、細かな修正作業等で浪費させられていた無駄な時間を減らすことができたのです。

　その時間は週2時間、年間では400時間以上の時間をほかの業務に充てることができるようになりました。1日8時間の労働時間と換算すると50日もの時間を捻出することができたのです。

　また、事務や計理に依頼していた帳票作業を自分でできるようになったため、認識ズレで生まれる間違いも減少し、差し戻し作業の時間が減ったのです。また、ヒューマンエラーが減少するというありがたい副次効果もありました。

　自動化に対して「どこでエラーが起きているのかわかりにくい」「特例に対応しにくい」という意見もありますが、エラーというイレギュラーのために大量の処理を手作業でやるのは本末転倒。エラーが出た際や、特例の場合だけ手作業で行えばいいだけです。パターン化した作業の自動化は、確実に時短になります。

　新しいツールや仕組みの導入を阻む一番大きな壁は「今までもうまくいってたから、今まで通りでいいだろう」という新しいものに対する忌避感です。しかし、この事例は圧倒的な実績（2時間の作業が一瞬）でそんな忌避感を一蹴してしまいました。実践してみせることが最も効果的なプレゼンとなったのです。

　普段行っている日常の作業こそ、長い目で見たときに大きな時短を実現する可能性が秘められています。何度も繰り返す作業ほど大きな効果が表れやすいので改善を検討するといいでしょう。

ポイント

- 使い慣れたツールも見直しをすることで生産性が上がる
- ある企業では帳票作成の作業にマクロを導入することで毎週2時間、年間で400時間もの時間を創出できた
- 日常的に行う作業こそ見直しをすると結果につながる

会議効率化事例①
アナログ作業の撤廃で時短に

　会議には全体の業務進行把握やコミュニケーションの活性化、ビジョンの共有がしやすいといったメリットがあります。しかし、意味なく集まる、無駄に長いというのはNG。無駄が多く拘束時間が長い会議は、ほかの業務を圧迫して出席者にストレスを与えるなど、メリットよりもデメリットが大きくなります。

　ある製鉄所の機械事業部門では、長時間会議の常態化が問題となっていました。さらに「定時の範囲では収まらないから」と時間外に会議を行うことも少なくなかったといいます。そのため、業務にやりがいを見出す余裕を作ることが難しく、プライベートの時間も削られてワークライフバランスが崩れた生活になりがちでした。そこでトップの強い推進力を背景にして、各職場で1つひとつの会議の進め方を具体的に改革し、その成果（結果）を見える化しました。確実な会議の時間削減と質的な向上の実現に動いたのです。

　具体的な改善策として、それまでの課題となっていた次の3点の改革を進めました。

・ホワイトボードでの板書（書ける範囲に限界がある）

・案件を上から順番に確認（議論の必要が無いものも含め）

・文字が小さくて見えにくい資料（確認の時間と手間がかかる）

　まず、確認のために使っていたホワイトボードからパソコンの画面を写す液晶ボードへ変更。「ボードの余白が気にならないように」といった意味のないルールもなくなり、一度終わった内容を再び写すといったことに時間を取られることもなくなりました。

　議論の必要がない項目を飛ばして重要な項目だけ議論をする、会議前に資料を共有して議論するべき項目を決めて全員が把握する、といったやり方も時短に大きく貢献しました。

　また、資料は紙の資料からデータの資料に変更し、全員がパソコンを会議に持ち込むように変更。これにより、プリントアウトした小さい文字が読みにくい、人数分のプリントアウトに時間がかかる、といった無駄なことに割く時間の削減に成功したのです。

　これらの改革で、月に8500時間を超えていた会議の時間が3000時間程度にまで減り、50％以下にまで時間削減をすることができたのです。また、月に250件ほどあった定時外会議も約100件にまで減少。当たり前になっていた時間外労働が激減し、退勤後のプライベートが充実するようになり、社員がやりがいを見つけやすい環境に近づいたのです。

ポイント

- ホワイトボードを使った板書もパソコンで代用すれば時短になる
- 事前に資料を共有して議論するべき項目を決めて全員が把握しておくと無駄な時間を減らすことができる
- 資料のデータ化でコスト削減や読みやすさアップが実現できる

会議効率化事例②
会議時間の見える化で改善

　作業の効率化を進める際には「最終的にどうしたいのか、全体としてどう変わるのか」というマクロ視点と「そのためにどのようなことをするのか、1つの改善でどれぐらいの変化があるのか」というミクロ視点の両方が必要になります。

　つまり、最初に作業の総量を確認して目標を定め、その目標をどうやって達成するかを考えるというマクロ・ミクロ両方の視点を持つことで、達成の道筋を具体的に立てられるようになるということです。この手法を用いて、会議の効率化を成功させた企業の事例を紹介します。

　全社挙げての会議改善プロジェクトを進める中で、その企業が最初に行ったのは、各部署で開催されている「定例会議」のリストアップでした。リストには会議名だけではなく、「参加人数」や「開催時間」「会議の議事録の有無」など、実施内容を細かく書き込む形式を使用し、会議にどれだけの時間がかかっているのか、何が行われたのかを社内全体で把握できるようにしたのです。

　このリストは、改善前と改善後を比較することでどう変化した

かを社内で共有しやすくするために数値化し、会議の内容を見える化しました。

　次に行ったのが、会議の社内総量を管理職が確認して、開催数・時間・コストなどすべてを含む「会議総量」を全体で30％削減するという目標を立てることです。

　改善前にリストを用意したのは、改善前の問題の全体像を正確に把握するため。開催時間など会議の内容をわかりやすく記載したことで、30％という目標を達成するためにどの項目をどの程度減らせばいいのかを正確に選定することができました。

　削減改善によって定例会議の時間は年間57.1万から41.8万まで軽減。目標30％減にはわずかに届かず27％という結果でしたが、削減できたのは年間15万時間となりました。

　また、改善前に挙がっていた「効率化したはずの会議がいつのまにか元に戻った」「やることが増えて、結局以前並みの時間に戻った」という効率化の問題も、どれだけ会議に時間を費やしているかをリスト化し、会議の所要時間の基準値を見える化した結果、「どうして会議が伸びたのか」「どのくらい会議が伸びたのか」の要因究明を進めることが容易になりました。

　マクロ視点を持って全体を把握し、ミクロ視点で問題の具体的な解決を図るという手法でこれだけ成果を得ることも可能なのです。

■ ポイント

- 最初にどれだけ作業があるのか全体像を把握することで、具体的な数字を提示した詳細目標を立てやすくなる
- 所要時間や会議内容を記録しておくことで基準ができ、改善が元に戻ってしまうことを防ぐことができる

ちりも積もれば4000時間!?

ペーパーレス化事例
契約書電子化で効率アップ

　膨大な紙資料は、印刷だけでなく維持にもコストが発生します。また、古い資料はファイリングされており、すぐに取り出したり検索するのが難しいため、使い勝手が悪いといえます。

　現在、業務フローのペーパーレス化・資料のデータベース化は多くの企業で積極的に行われている業務改革です。そのなかでも、ペーパーレス化で効率アップに成功した例を見ていきましょう。

　ある企業では業務改善前、各部署の担当者と法務担当の両方が契約書を保管していました。各担当者は法務担当に契約書原本を提出し、自分でも契約書をコピーして保管するという業務フローになっていたのです。

　契約書のコピーやバインダーでの管理など、それぞれの作業にかかる時間は些細なものですが、やらなくてもいい作業には変わりありません。法務担当が原本を保管しているので、重複した資料を作成するのは二度手間でしかないのです。

　また、契約書が紙である場合、保管場所も問題になります。オフィスの棚も数は限られており、重複した資料を保管するのは空

間の無駄。各部署で保管している契約書のコピーは保管期間も決まっていない、ほぼ管理されていない状態だったのです。

そこでのこの企業では、紙の契約書の保管は法務部が行い、代わりに誰でも確認がしやすい契約書データベースを作成することで契約書に関しての2つの重複を解消することにしたのです。

具体的には、部署の担当者は契約書のコピーを補完することを止め、法務部作成の契約書データベースで契約内容の確認を行うように業務フローを変更。契約書の原本は法務担当がデータベースに契約書のスキャンデータを保管し、大事な原本は共用バインダーで一元管理するようにしました。

結果、重複した紙資料の置き場所が空き、担当者も契約書の内容確認がデータベースで簡単にできるようになり、不要な業務フローを1つ減らすことができました。

契約書はデータで管理するようになったため、データが蓄積しても紙資料のように場所も取らず、古いデータもコンパクトサイズの記録媒体に入れて保管が可能になりました。紙資料とは比較にならないほどの省スペースです。

小さな改善に思われがちですが、1000人近い担当者の月20分の業務時間は年間で4000時間にもなり、ほかの作業に充てることで大幅な時間削減が叶いました。この改善による全社での作業効率化効果は年間1200万円にもなったのです。

ポイント

- 重複した紙資料の削減などに資料の電子化が役に立つ
- 紙資料は場所を取るため、制作だけでなく維持コストもかかる
- 資料をデータ化すると、検索してすぐに閲覧できるため、手元に保管している紙資料の中から探すよりもスムーズ

事前にルールを共有するのが大事

フォルダ整理事例①
ルール設定で大幅効率化

データは正しく整理・整頓されていれば長い期間使える資産となりますが、整理されていない雑然としたデータはパソコンやサーバーの容量を圧迫するジャンク（ゴミ）でしかありません。

特に共有フォルダは、様々な人がデータを保管するため雑然としがちで、不必要と思われるデータも担当者がわからないと消せず、本当に必要なデータを探すのに手間取る原因になります。

不要なファイルが増えてきたときに行いたいのが共有フォルダの整理整頓と、新しい共有フォルダへのデータ移行です。その際は、「データがどこかわからなくなった」「勝手に消された」などのトラブルに発展しやすいので、次に紹介する、ある企業のフォルダ整頓の手法を参考にするといいでしょう。

ある企業はデータが雑然と溜まって共有フォルダを圧迫していることを問題視し、全社的に新共有サーバーへデータを移行することにしました。しかし、データ分配やフォルダ分けを計画が決まってすぐに行うのではなく、移行する新共有フォルダの構造作りからスタートしました。

社内で共有するサーバーであるため、フォルダ分けの協議を行い、最終的に以下のように階層分けを行うことになりました。

1階層目：部門

2階層目：業務大分類

3階層目：業務中分類

4階層目：作成時期／書類の種類

このように最初に構造を考えてからフォルダを作り、分類通りにデータを保管するルールを定めておくと「仮置き」「その他」といった雑多なデータの行先がなくなり、容量を圧迫する要因を減らせます。また、データの割り振り方や、どのフォルダにどのデータが入るかの説明が事前に周知されていれば「あのフォルダはどこ？」というデータの迷子トラブルも防げるのです。

このように、先にフォルダを完成させたこの会社ではデータ移行時に新しいフォルダを作る時間やフォルダ名の重複による上書きトラブルを減らし、スムーズにデータ移行も終わりました。

データ整理の注意点は、共有フォルダに保管したからといって、すぐに元データを消さないこと。後から必要なことが判明したり、共有フォルダのデータが壊れることもあるからです。移行データは最低でも1年間は別途保存しておくのがいいでしょう。

ポイント

- 共有フォルダを整理することで、特に不要なデータをまとめて捨てたり、データを取り出しやすいようまとめることも可能になる
- データの迷子や元データの破損トラブルが多いので、移行方法の情報やデータのバックアップ保存などはしっかり伝える

フォルダ整理事例②
継続的なメリットに着目

　画面いっぱいにアイコンがあふれて初めてデータを整理、分類しようとすると、非常に時間がかかります。

　日々の業務に追われていると机まわりだけでなく、パソコンの画面もアイコンだらけになります。一度散らかると整理するのは大変だと思いがちですが、整理整頓は要した時間よりはるかに大きなリターンをもたらしてくれるのでやらない理由はありません。

　一番大きいリターンは、整理整頓＝業務改善になることです。バラバラになっている業務データをまとめることで分類でき、要不要、急ぎと不急のものなどが明確になるからです。

　ファルダ整理にどれだけのコストをかけ、改善によってどれだけの効果があるのかは、以下の例からも明らかです。

　ある企業では、煩雑になっていた社員個人管理のデータ整理を事務局がサポートしながら進めました。主催側の事務局でかかったのは、ガイドラインの作成や説明、各部署の実施結果を合わせても26時間、4日程度でした。一方のデータ整理を行うユーザー側は、ルールの理解や整理、フォルダの見直しに平均7.5時間を要

しました。1日のワークタイムよりもやや短いくらいの時間です。

　1日分の労力をかけた結果、以下のような変化が起きました。

・デスクトップが整理され、視認性がアップ

・データの検索性が上がり、データをすぐに取り出せるように
　なって年間29時間程度のデータ捜索時間が節約された

・資料作成の際に過去のデータを活用できるようになり、年間で
　2時間程度を節約できるようになった

・資料をすぐ準備できるようになって印刷が不要になり、ペー
　パーレス化が進んだ

・データの所在を社員間で問い合わせる回数が減った

　このように、丁寧に行うデータの整理整頓は、様々なプラスの
効果をもたらすのです。この効果はパソコン作業を行う間ずっと、
つまりフォルダの整理を続ければ永続的にプラスがもたらされ続
けることになるのです。

　日々業務に追われてまとまった整理の時間を確保できない人も
いるかもしれません。基本的には「むやみにデスクトップに置か
ない」のがベストですが、それも難しければ毎朝10分だけ整理に
時間を使う、週に1度1時間程度を整理の時間に使う、など予定
を決めて習慣化するといいでしょう。

ポイント

• 電子フォルダを整理することは時間がかかるものの、しっかり整理
　が終わればいい効果をもたらし続ける

• 整頓の時間を作るなど、上が会社のプロジェクトとしてデータ整理
　のための時間を作ることも重要

マニュアル化事例
高レベルで標準化を達成

　業務においては、基礎を学び、さらなる成長して自分のものにすることは欠かせません。そんな業務の標準化のために便利なのが業務マニュアルです。マニュアルには行動、対応の軸が記されており、何がダメだったのか、どこをよくすればいいのかなど、自分の仕事を比較改善するために非常に役立ちます。また、業務を標準化し、マニュアルとしてまとめることができれば、企業としての生産性も高いレベルで安定するのです。

　ある企業では、業務のコンプライアンス徹底を目指し、さらにローテーション活発化を図るために、各部署の業務の標準化・マニュアル化を推進していきました。その企業は抱えていた問題は次の通りです。

・人によってやり方が異なり、生産性に差がある(営業、開発など)
・業務が個人に集中して、他の人ではわからない・カバーできない（経理、法務など）
・ローテーションを活性化させて取引関係の固定化を防ぎ、透明性も高めたいが、業務が標準化されておらず引継ぎが非効率(調

達、企画など）

「代わりのいない人材であるために休むことができず、ワークライフバランスが低下する」「取引先の引継ぎが非効率なために担当者が固定化され、コンプライアンスの低下が発生する」といった問題や「業務に慣れてきた人材が習熟度の低い業務に異動することで、組織全体としての生産性が低下する」という事態が起きていたのです。

個人が蓄積してきた経験や企業として対応してきたケーススタディが共有されず、活かされない状況が生まれていたのです。この状況を打開するために行われたのが業務のマニュアル化です。

最初に行ったのは、標準化すべき業務の洗い出しです。「どの業務がマニュアル化できるのか」「何をマニュアル化すると効率がよくなるのか」をまとめたのです。

マニュアルにまとめる業務のピックアップ完了後、ヒアリング役が各担当に業務を聞き出して手順を整理し、マニュアルにまとめ、第三者のチェックを経て、初めて読む人でも理解できるわかりやすいマニュアルを完成させました。

マニュアル作りと並行して行われていたのが業務の効率化です。ヒアリングで見つかった作業の無駄を減らし、最適化した作業内容を標準化。マニュアル作成の工程から無駄の少ない、レベルの高い作業を行えるようになり、生産性の向上に成功しました。

ポイント

- 業務の標準化がされていない組織は、生産力やコンプライアンスの低下を招く
- マニュアル化を進めることで業務の最適化が進み、高いレベルで業務の水準化を行うことができる

スキルアップ事例
Webラーニングで残業ゼロに

　自分に変革を起こす働き方をするためには、日頃からスキルアップを目指し、昨日の自分を超えていく心構えが必要です。しかし、個人で勉強を続けるのはなかなか大変です。そんな前向きな従業員のスキルアップを支援することで、エンゲージメント向上に成功している企業もあります。

　2万人もの従業員を抱えているある企業では、時間を有効活用する働き方の変革を最重要の課題として設定。「残業しないで済むように業務を改善しよう」という意識の啓発や、業務の効率化を進めるノウハウ獲得のためのWebラーニングを実施しています。

　このWebラーニングで特に取り扱われているのは、常態化しがちな長時間労働をやめ、定時で帰るための業務効率化テクニックについて。学ぶ人がそのスキルを獲得しやすいように項目が細かく分かれ、何度も繰り返し再生できるようにしています。

　このスキルアップ学習のポイントは、Webラーニングの形態であること。セミナーと違って聞き逃した点や学びを深めたい箇所をリピートしてしっかりと学ぶことができる点です。また、ひ

とりでパソコンを見るため、他人の進行速度に合わせる必要がありません。取り入れたいスキルを自分の速度で、何度でも学ぶ機会が得られるのです。この企業ではほかにも残業をさせないために、以下のような取り組みを進めています。

・部門長への啓発…部下を残業させない働き方を周知徹底
・ICT活用…共用のスケジューラーを使うことで周囲も業務を把握でき、誰かが残業になりそうな状況を未然に防げる
・働きかた改善成果の表彰大会…業務の効率化、環境の健全化の事例を共有

　こうした取り組みを行った結果、現在では残業時間が大幅に短縮し、サービス残業もゼロに。従業員のワークライフバランスを守る社内環境ができあがっています。

　効率を上げてしっかりと定時に帰る働き方は、従業員自身の生活の楽しみを守るだけでなく、その人が働いている企業の生産性を上げることにもつながります。自分の働き方のアップデートをしながら企業の生産性を上げれば、対価としてしっかりと自分の時間を持つこともできます。つまり、ワークライフバランスを保った向上心ある働き方こそが、今の時代に合った働き方なのです。

ポイント

- 業務の効率化は、従業員のワークライフバランスを守るだけではなく、企業の生産性も向上させる
- スキルアップを続けながら自分の時間も大切にする働き方こそ、現代らしい働き方

第6章 チェックポイント

すぐマネできる参考ポイント

☐ ビジョンを内外に告知している

☐ 改善を行った人が評価されている

☐ 自己研鑽の内容が共有されている

☐ 電子化を進め無駄な紙資料を撤廃

☐ 単純な作業はマクロ化されている

☐ 部外の人とも交流がとりやすい

☐ 会議の改善率が数値でわかる

☐ 共有データが整頓されている

☐ 日常業務にも改善が行われている

☐ 高い水準での業務の平準化を推進

第 **7** 章

おわりに
働き方アップデートとは

自分から始まった働き方アップデートが職場の働き方を変え、その波が会社全体へと広がっていく。そんな理想を実現するには、「なぜアップデートが必要なのか」「なぜやらないのか」を自分自身に問う必要があります。

リスクを恐れず、今やる

　働き方のアップデートは、失敗して上司や管理職に怒られる、誰かに迷惑をかけてしまう、うまく進められなくて落ち込む、などマイナスに働く可能性もあります。だれでも上司に怒られたりしたくはありません。

　しかし、怒られたくない、完璧にできないことや成長や向上をし続けるプレッシャーが怖い、と考える必要はありません。それは、自分のやりたいことを志事として行うための改革だからです。自己評価を下げたり、「やりたくない」「怖い」と思わせるためのものではありません。私の働き方改革の目的は楽しみながら働けるようにすることであり、リスクを恐れずに実行することが重要になります。結果として時間や労力の無駄になったとしても、楽しいと思えるようになるためです。

ポイント

- 働き方を改革する場合、失敗して怒られたり、誰かに迷惑をかけてしまったりするリスクが発生する
- 働き方の改革のためには、リスクを恐れることなく、自分がやりたいと思うことを行う

転職ではなく変職

働き方を変える方法の1つに「転職」があります。しかし、仕事を志事に変えるために転職するのは一種の賭け。それは、転職には大きな不確定要素があるからです。1つ目は、面接などの限られた時間では仕事の内容を把握できないこと。自らのやりたい志事だと思って入社しても「思っていたのと違う」ということがあります。2つ目が、周囲の環境や理解が整っているとは限らないこと。同じ業種・同じ業務ということで採用された場合、相手が求めているのは前職での経験です。あなたが変化させた志事を行うことが認められるかはわかりません。

一方、社内で仕事を志事へと変える「変職」なら周囲の環境やキーパーソンを把握しているなど、緩やかでも現状からの変化を進めやすいというメリットがあります。

ポイント

- 「転職」は働き方を変化させる1つの手だが、希望通りの志事ができるとは限らない
- 社内で仕事を志事に変える「変職」なら周辺へのアプローチもしやすく、緩やかでも変化させることができやすい

■主要参考文献・Webサイト

『意識が高くない僕たちのためのゼロからはじめる働き方改革』
（PLANETS/第二次惑星開発委員会）

厚生労働省
https://www.mhlw.go.jp/wp/hakusyo/roudou/11/dl/02-1-1.pdf

厚生労働省
https://www.mhlw.go.jp/wp/hakusyo/roudou/11/dl/04.pdf

文科省
https://www.mext.go.jp/content/1423020_012.pdf

衆議院
https://www.shugiin.go.jp/internet/itdb_shitsumon.nsf/html/shitsumon/
a193437.htm

独立行政法人 労働政策研究・研修機構
https://www.jil.go.jp/foreign/report/2014/pdf/2014_0930_02.pdf

公益社団法人　全国シルバー人材センター事業協会
https://www.zsjc.or.jp/kyokai/history.html

佐賀大学国際交流推進センター
https://www.irdc.saga-u.ac.jp/wp-content/uploads/2021/03/impression2.pdf

日本経済新聞
https://www.nikkei.com/article/DGXMZO25440940Z00C18A1CR0000/

野村アセットマネジメント
https://www.nomura-am.co.jp/sodateru/stepup/history/1970s.html

"働く"の100年史／SmartHR
https://100years-movie.smarthr.jp/

JFTCキッズサイト
https://www.jftc.or.jp/kids/kids_news/story/index5.html

監修 坂本 崇博（さかもと　たかひろ）

特定非営利活動法人MCEI理事、宮城学院女子大学非常勤講師、令和2年度国家公務員の働き方改革推進会議ファシリテーター。1978年兵庫県生まれ。神戸大学経済学部を卒業後、2001年にコクヨ株式会社入社。"効率化"という観点から会議体の工夫、情報管理方法のアドバイスなどを自ら考案、新規事業として立ち上げる。2016年に総務業務を中心としたアウトソーシングサービスを提供するコクヨアンドパートナーズ株式会社を設立。残業削減、ダイバーシティ、イノベーション、健康経営といったテーマで企業を対象に働き方改革の制度・仕組み作り、意識改革・スキルアップ研修などをサポート。現在は、コクヨ株式会社にて働き方改革プロジェクトのアドバイザーを務める。著書に『意識が高くない僕たちのためのゼロからはじめる働き方改革』（PLANETS／第二次惑星開発委員会）がある。

仕事のアップデート100の法則

2024年6月10日　初版第1刷発行

監　修——坂本 崇博　©2024　Takahiro Sakamoto
発行者——張 士洛
発行所——日本能率協会マネジメントセンター
〒103-6009 東京都中央区日本橋2-7-1　東京日本橋タワー
TEL 03(6362)4339(編集)／03(6362)4558(販売)
FAX 03(3272)8127(編集・販売)
https://www.jmam.co.jp/

装丁—————冨澤 崇(EBranch)
編集協力———木村伸司、堀江 翼、北川 紗織(株式会社G.B.)
本文デザイン——深澤祐樹(Q.design)
DTP—————G.B.Design House
印刷—————シナノ書籍印刷株式会社
製本—————ナショナル製本協同組合

ISBN 978-4-8005-9224-8 C2034
落丁・乱丁はおとりかえします。
PRINTED IN JAPAN